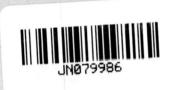

保存版

ペン字の手本

常用漢字の楷書行書

藤川孝志

ペンコム

目次

この手本の使い方

準備するもの

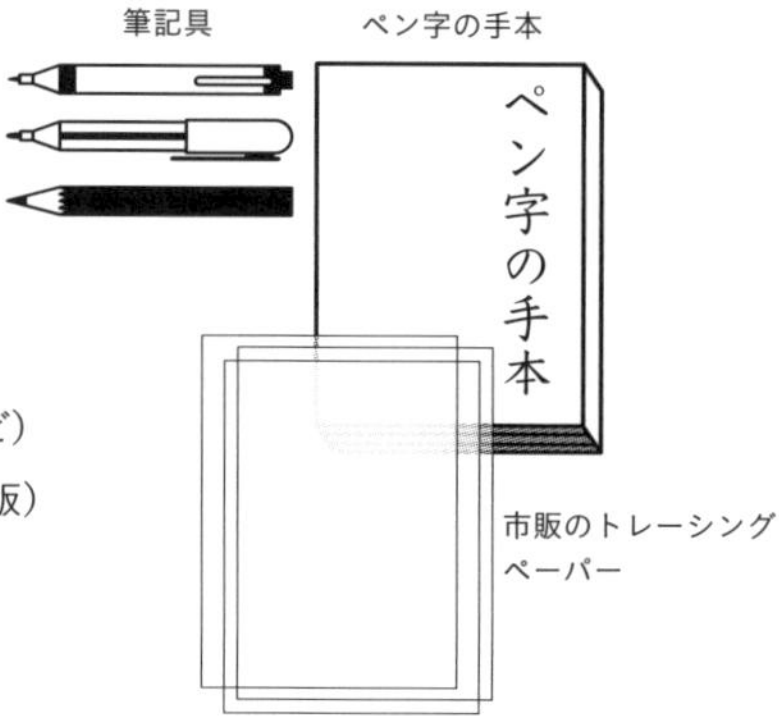

- 『ペン字の手本』
- 筆記具
  （0.5 ミリのシャープペンシルなど）
- トレーシングペーパー（市販）

練習の仕方

1 手本の上にトレーシングペーパーを置き、筆記具でなぞり書きをし、まねをしながら写していきます。

なぞり書きをするときは、あなたの氏名や住所など関心のある文字から始めてみましょう。

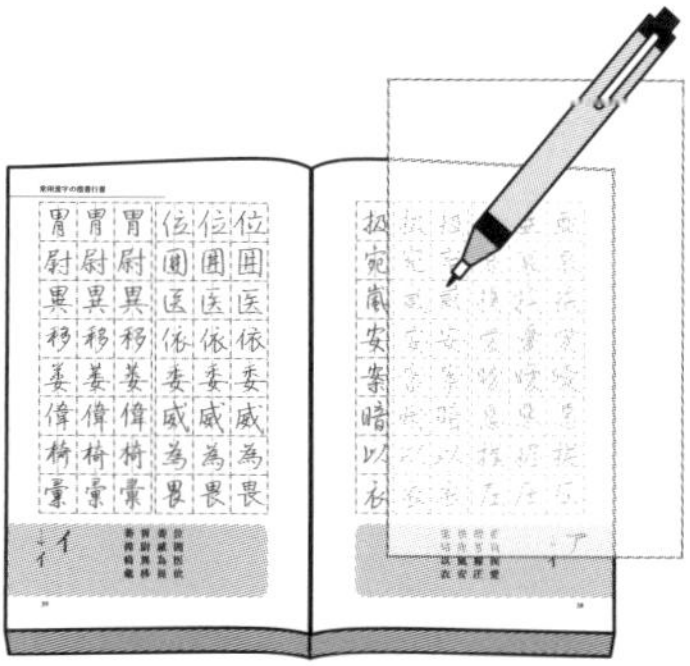

2 写すときは、ゆっくりとていねいに、自身の字の「どこに問題があるか」を考えながら書いていきましょう。

なぞり書きのコツは、P5「上達は、手本をなぞってまねるのが一番の早道です」をご覧ください。

この本を手にとってくださったあなたへ

美しい文字とは

手書きで美しい文字を書きたい。

文字にコンプレックスを持っている。

多くの人がそう思っています。

「美しい文字」の解釈は、ひとそれぞれ異なりますし、高名な書家の先生方の文字は、誰もが書けるレベルのものではありません。

この本では、理想とする美しい文字を、「読みやすい」「奇抜でない」とし、「ペン字を始めたばかりの方」を対象に書きました。

美しい文字が書けるようになるのでしょうか

私は長くペン字教室を主宰してきました。これまで多くの方々が在籍しましたが、その経験からも向上しない人はいませんでした。

美しい文字を手に入れるのは、「技術」であって、特殊な才能ではないからです。

楽しく練習を続ければ「この程度は書けるようになる」という、一つの目安と考えてください。

上達は、手本をなぞってまねるのが一番の早道です

最初のうちは、手本とそっくりに書く「技術」に徹することです。そのためにトレーシングペーパーを手本の上に置いて、なぞってまねると便利です。

なぞって書くのにもちょっとしたコツがあります。ただ何となく、なぞり書きをしていては大した効果はありません。そのコツとは次のようなものです。

〔なぞり方のコツについて〕

① トレーシングペーパーに書き写すときは、**自分の意見を入れないで**、ゆっくりとていねいに書きます。「いつも書いている字とどこが違うか」を発見する気持ちです。

② **1字だけ**をなぞって書く。一度に多くの字をなぞっても覚えきれないからです。

③ **見ないで書く**。次に、手本や、今なぞった字を見ないで、紙に書いてみます（1回だけ）。

④ **確認する**（これが一番大切なところ）。③で書いた字の上へ、①でトレーシングペーパーになぞった字をかぶせ、手本と比べてみます。1画目、2画目を合わせてみて、それ以後の画がどこにあるかを確認するのです。（このように比べると、大雑把に上に置くとほぼ合っていたように見えた字も、3画目、4画目と合わせていくとその違いに気付きます）。

少々面倒なようですが、この方法なら少しずつですが確実に前へ進みます。

では一緒にがんばりましょう。

藤川 孝志

本書の『常用漢字表』※ 2、136字楷書と行書について

本書では「ペン字の練習を始めたばかりの方」を対象に、平成22年11月30日内閣告示の『常用漢字表』2、136字の楷書行書を書きました。なぞり書きをしやすいように、できるだけ字粒を大きくし、また、あいまいな線がないように心掛けました。

字形については、次のようになっています。

〔楷書〕

点画の長短やその他の違いについては、『常用漢字表』の「前書き」の範囲内で、伝統的に正しい楷書と考える形にしています（例、天幸無北その他）。その結果、小学校で習う字形や、活字のデザインとは異なるものもありますが、いずれも「前書き」の範囲内であり、正しいものと考えています。

〔行書〕

行書には多くの字形がありますが、その内の二種を示しています。ほとんどは楷書から想像できる形ですが、中には伝統的なものもあります。（例、髙虎その他）

〔活字は楷書ではない〕

私たちが目にするのは、本や新聞などの印刷物が多いため、印刷に使われている明朝体を楷書と勘違いしがちです。

その点については、『常用漢字表』の前書きで、「明朝体と筆写の楷書との関係について」の項を参考にしてください。

※『常用漢字表（平成22年11月30日内閣告示）』、『常用漢字表の字体・字形に関する指針　文化審議会国語分科会報告（平成28年2月29日）』は市販されています。また、インターネットで文化庁のホームページからダウンロードできます。

ひらがな・カタカナの書き方

＊上は楷書に、下は行書に合うような字形にしています。△は「止める」

二筆目は中心より左で止める
上へ
点は高く打つ
小さく結ぶ
長く
曲げ過ぎない
横に広い形に
広くあける
出さない
向かい合わせる
小さめに書く字
広く
広く
最後は左に出さない
平行
向かい合う
はねは横へ短く
すくう
広く
丸みは小さめに
広く
狭く戻す
大体直角に
角度広めに
止めない
横か 少し上へ抜く
速さの変化に注意
遅く
速く

縦線は中心より右に
広く
短く
広く
短く
小さく角張って
左へ張り出して長めに
中心で小さく三角に結ぶ
短く
横広の字形
一筆目はすくい上げる
ゆったりと
直線的に
最後は中心より左に出さない
方向の違い
一筆目は狭く折り返す
戻す
抜く
横線はすくい上げる
押し戻す
抜く
横線はすくい上げる
広く
横広の字形
上へ
方向に注意
直角
小さく結ぶ
小さめに書く字
結びは小さく
少し交差する

＊上は楷書に、下は行書に合うような字形にしています。△は「止める」

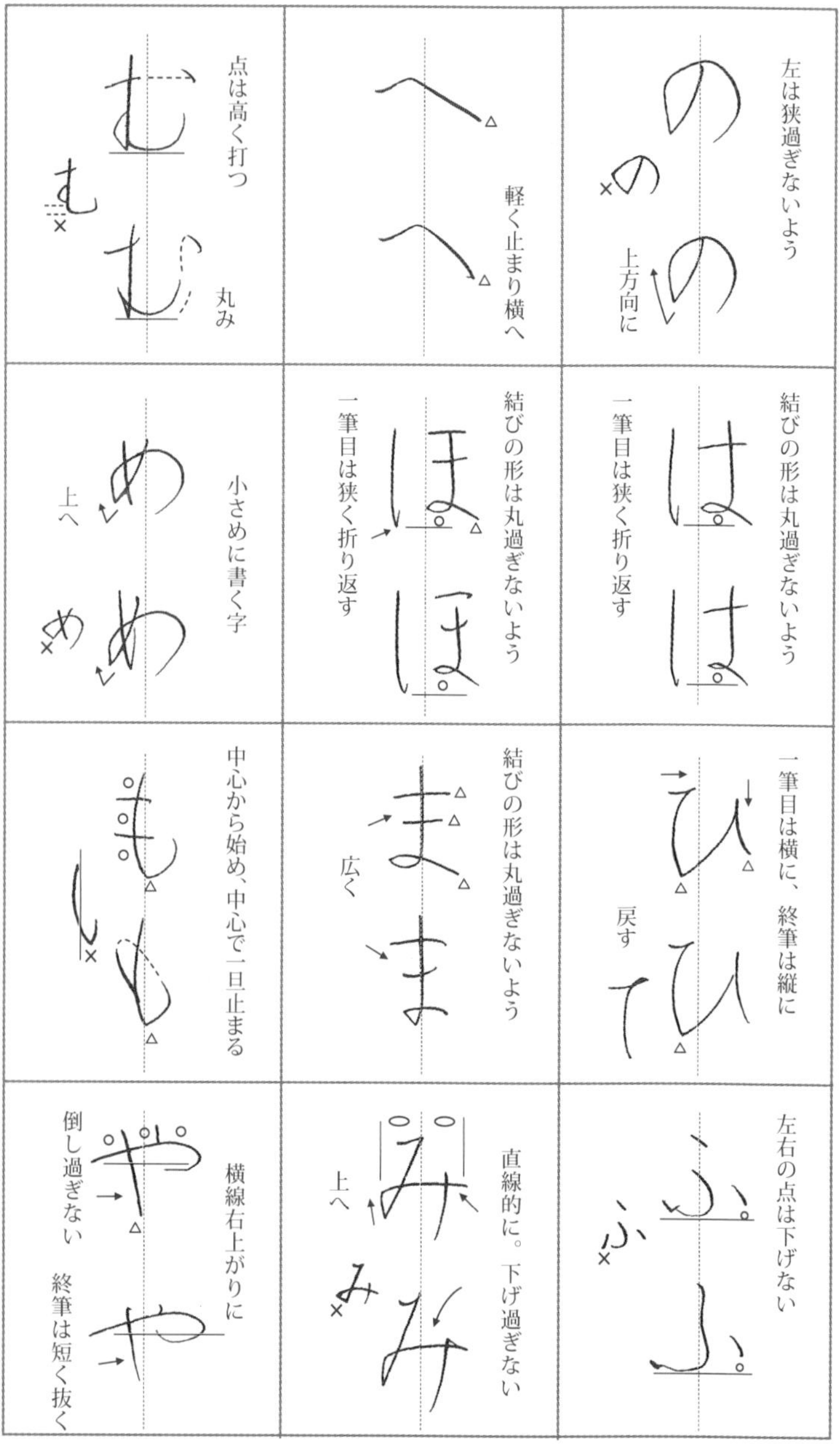

左は狭過ぎないよう
上方向に
軽く止まり横へ
点は高く打つ
丸み
結びの形は丸過ぎないよう
一筆目は狭く折り返す
結びの形は丸過ぎないよう
一筆目は狭く折り返す
小さめに書く字
上へ
一筆目は横に、終筆は縦に
戻す
結びの形は丸過ぎないよう
広く
中心から始め、中心で一旦止まる
左右の点は下げない
直線的に。下げ過ぎない
上へ
横線右上がりに
倒し過ぎない
終筆は短く抜く

最後の線は短く、右寄りに
中心で小さく結ぶ
小さめに書く字
結びは小さく
上へ
結びの形は丸過ぎないよう
一筆、終筆とも外へ張り出す
離れ過ぎないよう
左右対称に
広く
結びは小さく
縦線は左へ張り出して長めに
小さく
左右対称にして
下部はゆったりと広く
垂直に
左側をそろえる
二筆目は曲げ過ぎないよう
最後は左に出さない
右側ののびのびと大きく
直線的に
小さく上部に
狭く
広く
丸くしない

＊△は「止める」

狭く
直線的に
直線的に
直線的に
左に出ない
広く
まっすぐに
直線的に
広く
直線的に
広く
長く
横画右上がり
直角
横へ
ゆったりと
平行にしない
長く
直線的に
長くしない
広く
直線的に
広く
直線的に
右上がり
直線的に
右上がり
まっすぐ
直線的に
横へ
直線的に
平行にしない
倒す
直線的に
直線的に
高さに注意
広く
まっすぐ
倒し過ぎない
広く
右上がり
広く

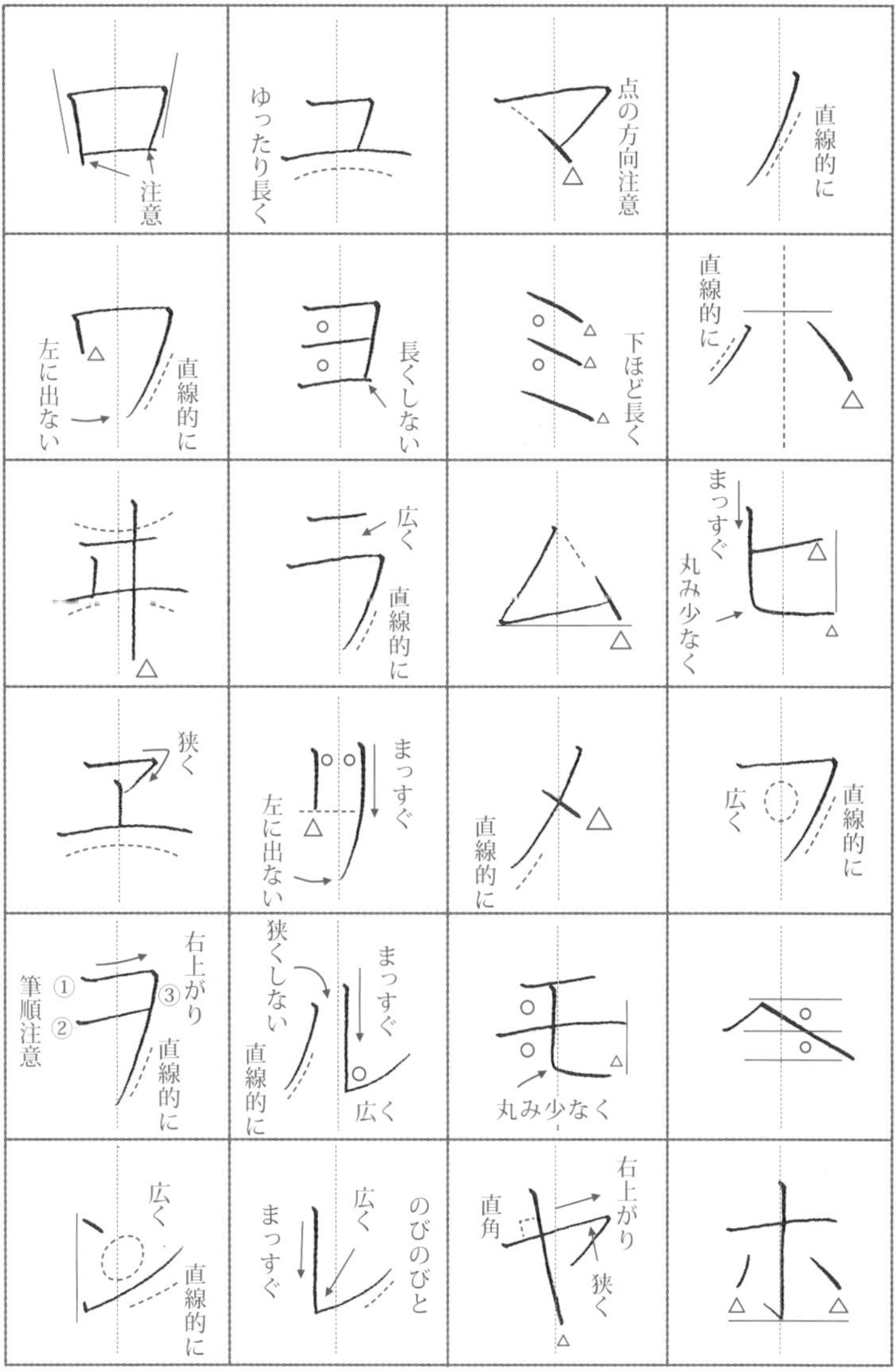
注意
ゆったり長く
点の方向注意
直線的に
左に出ない
直線的に
長くしない
下ほど長く
直線的に
広く
直線的に
まっすぐ
丸み少なく
狭く
まっすぐ
左に出ない
直線的に
広く
直線的に
筆順注意
①
②
③
右上がり
直線的に
狭くしない
直線的に
まっすぐ
広く
丸み少なく
広く
直線的に
まっすぐ
広く
のびのびと
直角
右上がり
狭く

部首の楷行草、１２０種類の書き方

本書で取り上げている部首索引

【1〜2画】

＊配列は一般の漢和辞典と同じく、部首の画数順
＊枠内は、右から 楷（楷書） 行（行書） 草（草書）
＊似た形になるものには 注、△は「止める」
＊下部には漢字例を表示しています。

1　よこかく

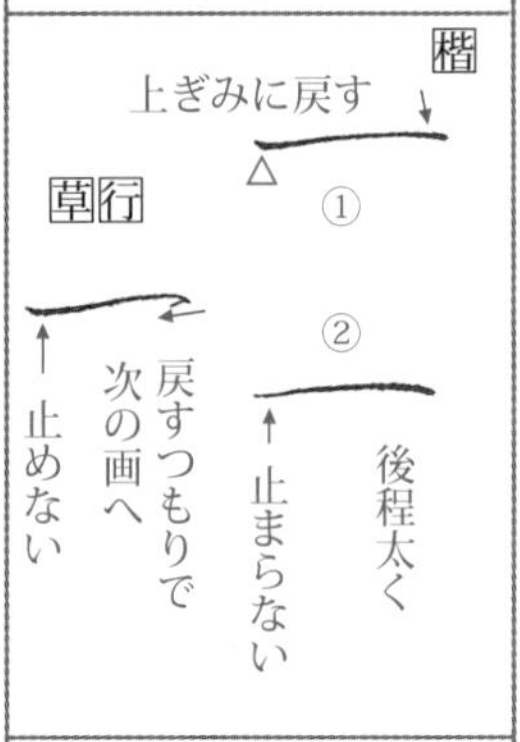

楷
上ぎみに戻す
①
②
後程太く
止まらない
草行
戻すつもりで次の画へ
止めない

2　たてかく

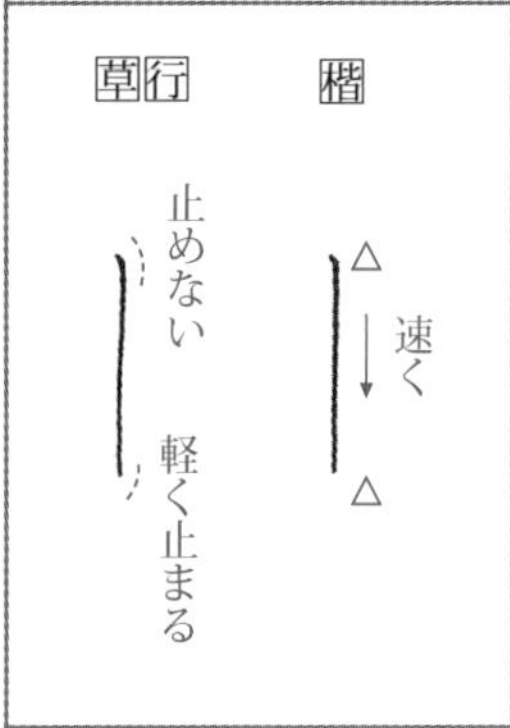

楷
速く
草行
止めない
軽く止まる

3　てん

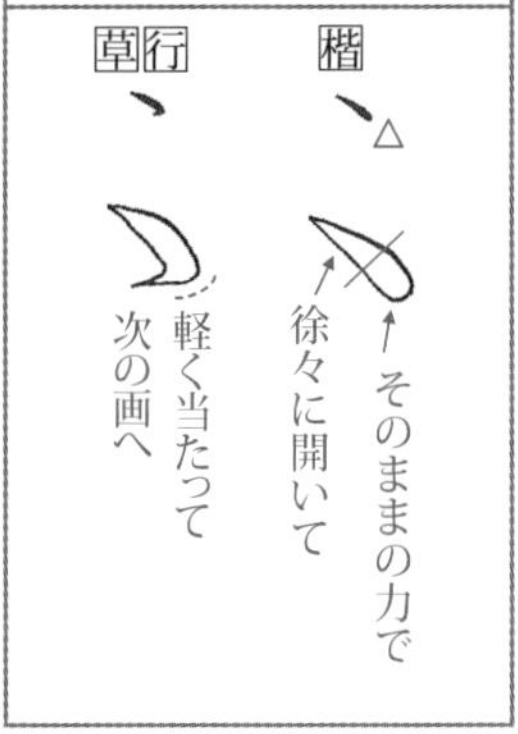

楷
そのままの力で
徐々に開いて
草行
軽く当たって
次の画へ

4　ひだりはらい

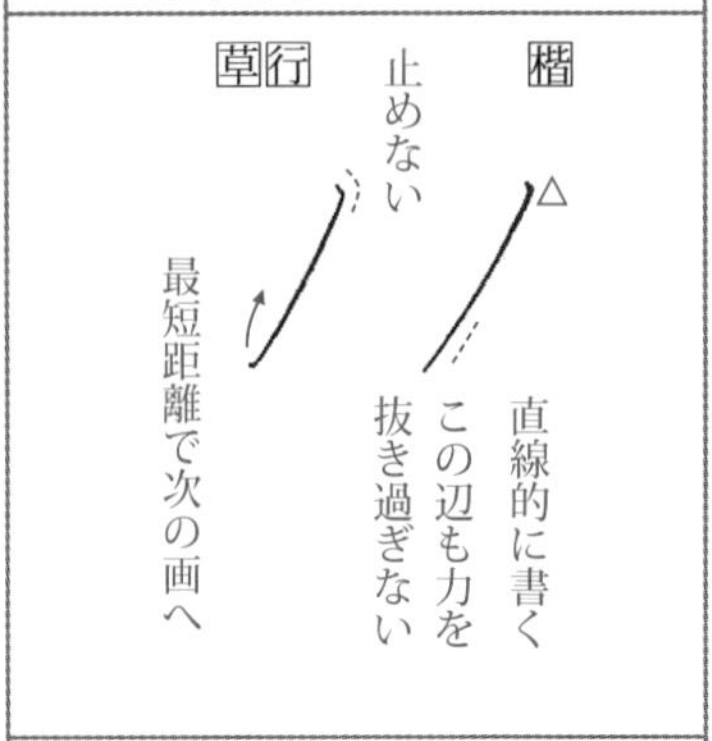

楷
直線的に書く
この辺も力を
抜き過ぎない
草行
止めない
最短距離で次の画へ

5　みぎはらい

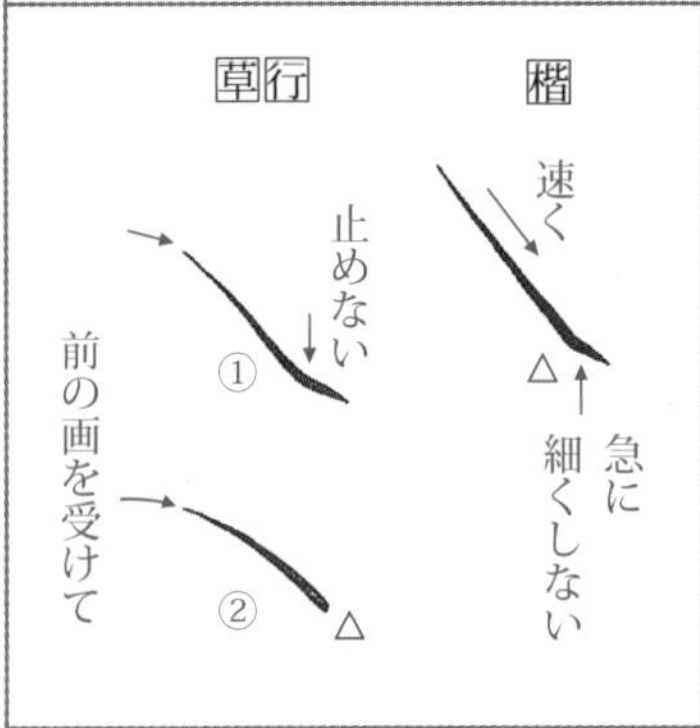

楷
速く
急に
細くしない
草行
止めない
①
②
前の画を受けて

6　けいさん（なべぶた）

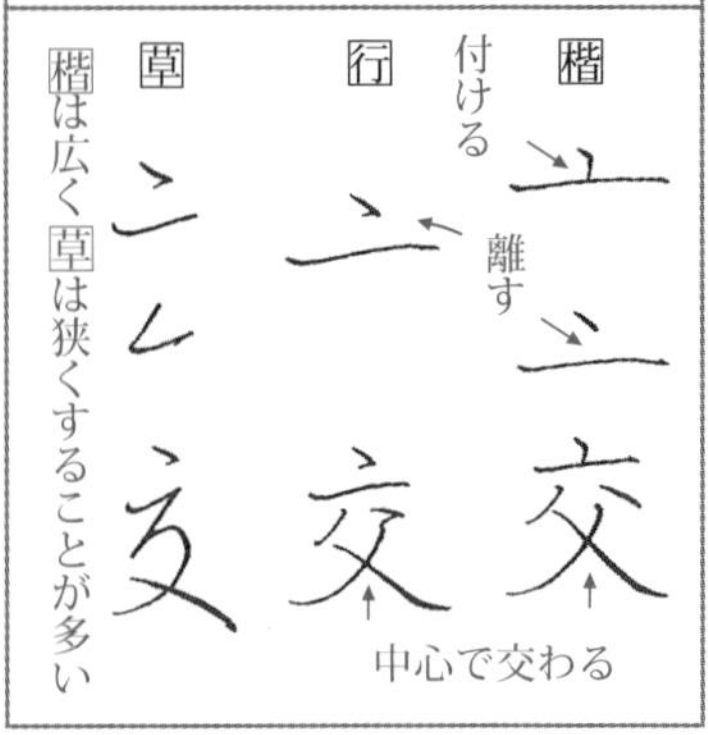

楷
付ける
行
離す
中心で交わる
草
楷は広く草は狭くすることが多い

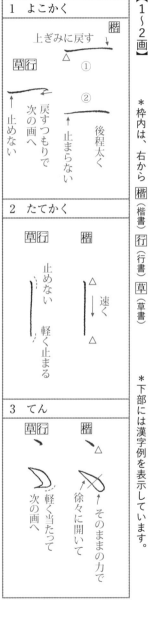

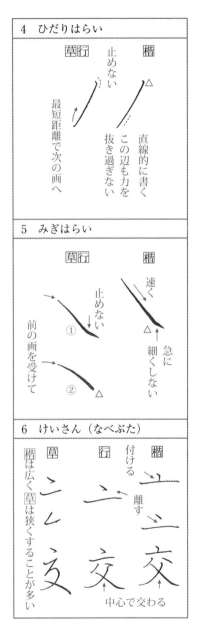

【2画】

7　にんべん

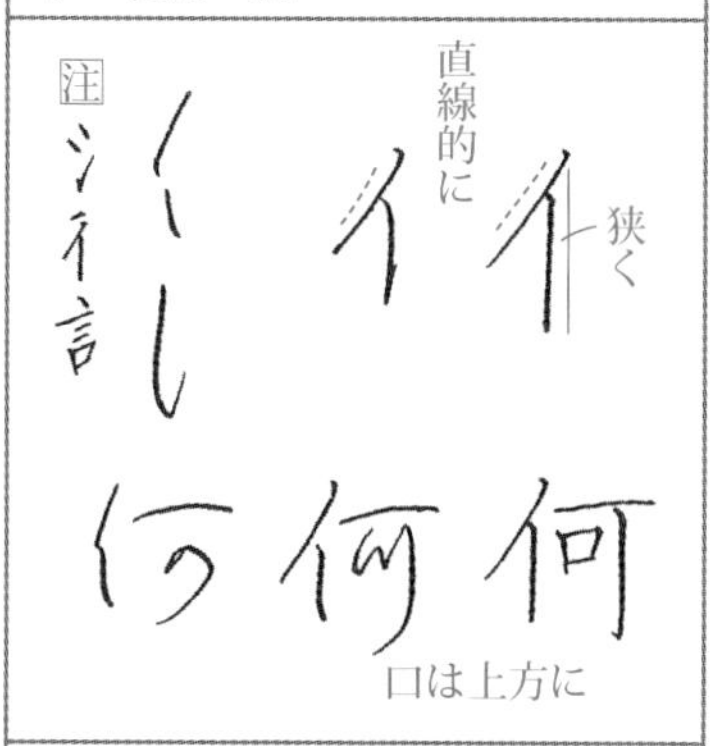
注
直線的に
狭く
口は上方に

8　ひとやね

楷行は広く草は狭くすることが多い
少し出す
直角位に
横方向
大体菱形に

9　ひとあし（にんにょう）

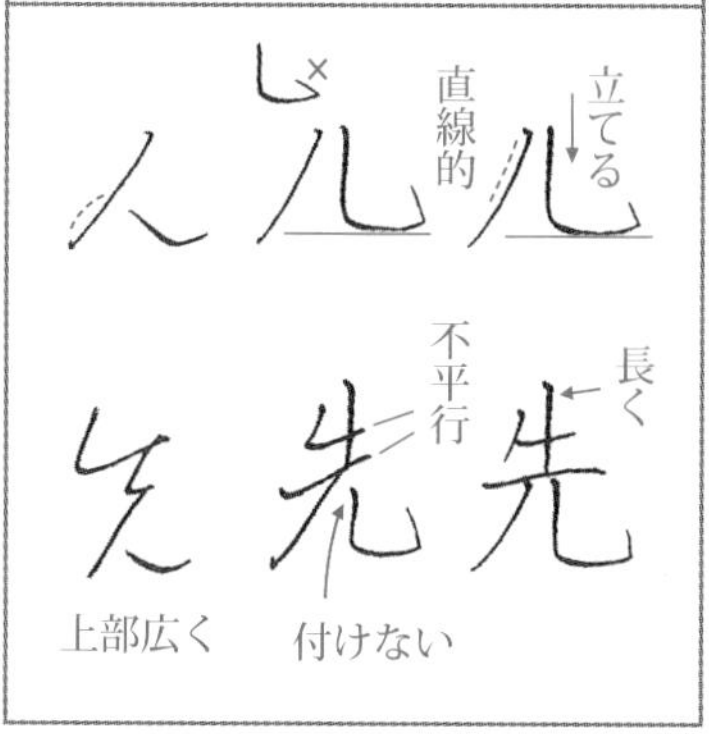
直線的
立てる
不平行
長く
上部広く
付けない

10　わかんむり

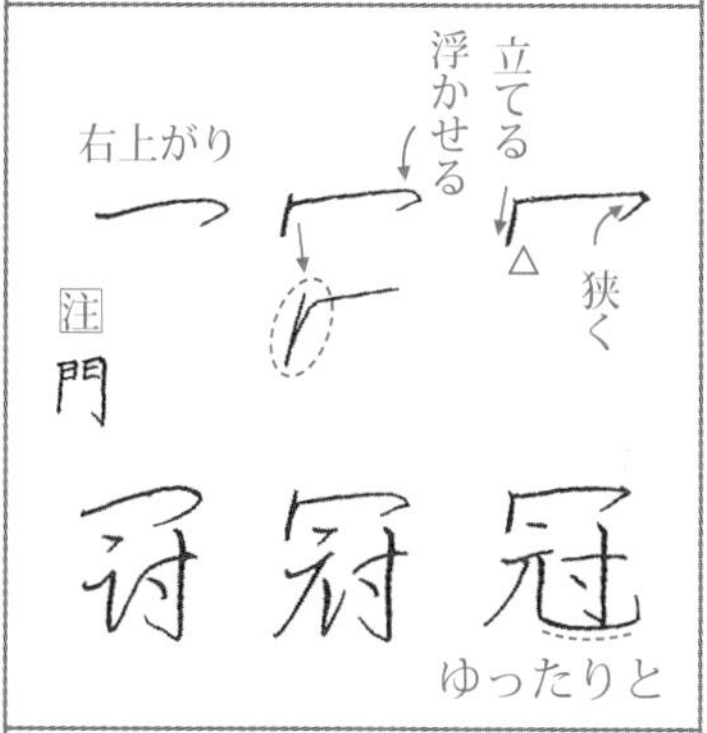
右上がり
浮かせる
立てる
狭く
注
ゆったりと

11　うけばこ

下部を狭く

12　かたな

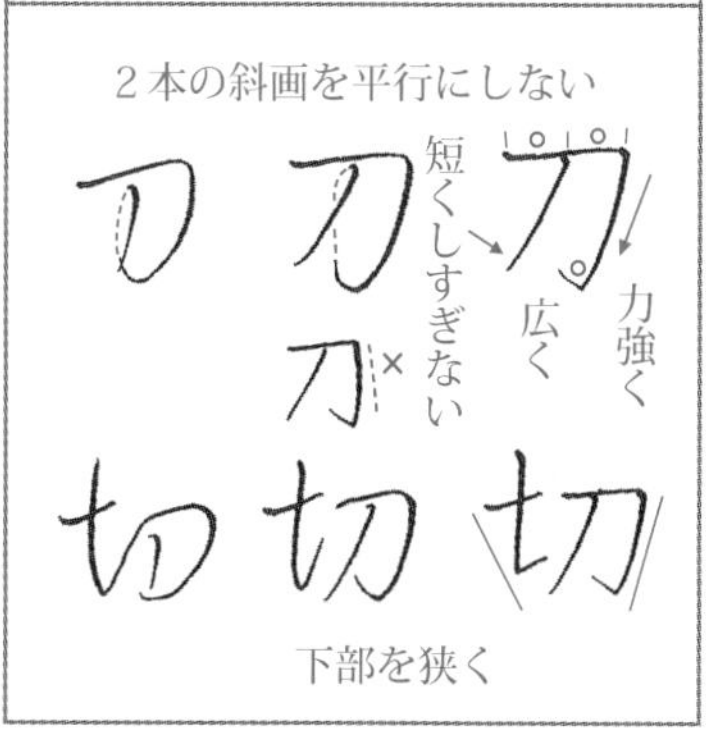
２本の斜画を平行にしない
短くしすぎない
広く
力強く
下部を狭く

13　りっとう

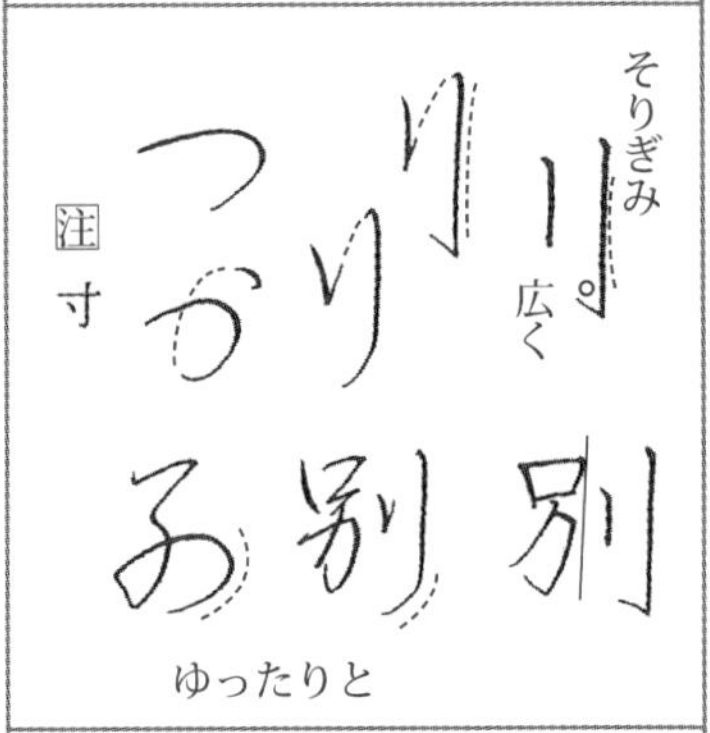
注
寸
そりぎみ
広く
ゆったりと

14　ちから

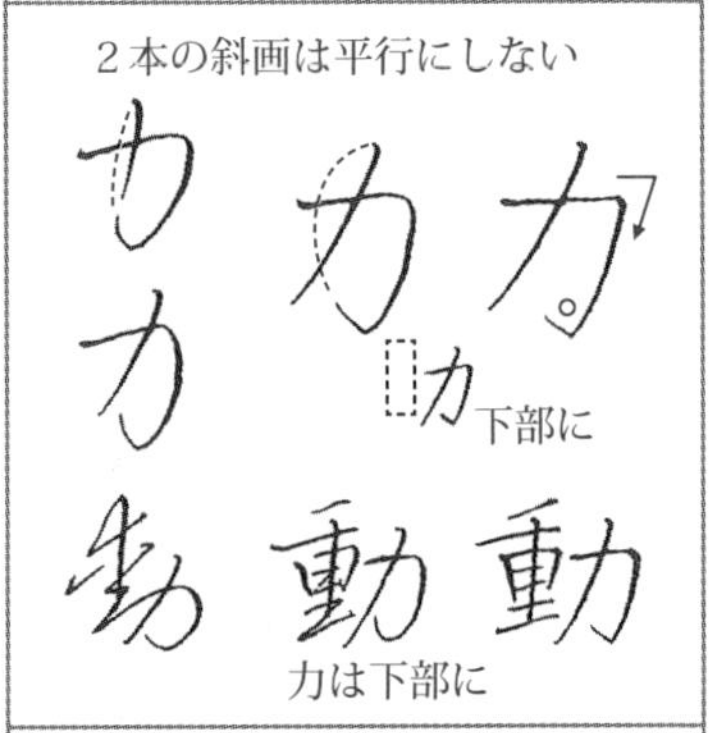
2本の斜画は平行にしない
下部に
力は下部に

15　かくしがまえ（はこがまえ）

右寄りに
離す
旧字体を考えるとよい

16　ふしづくり

下をそろえる
広く

17　がんだれ

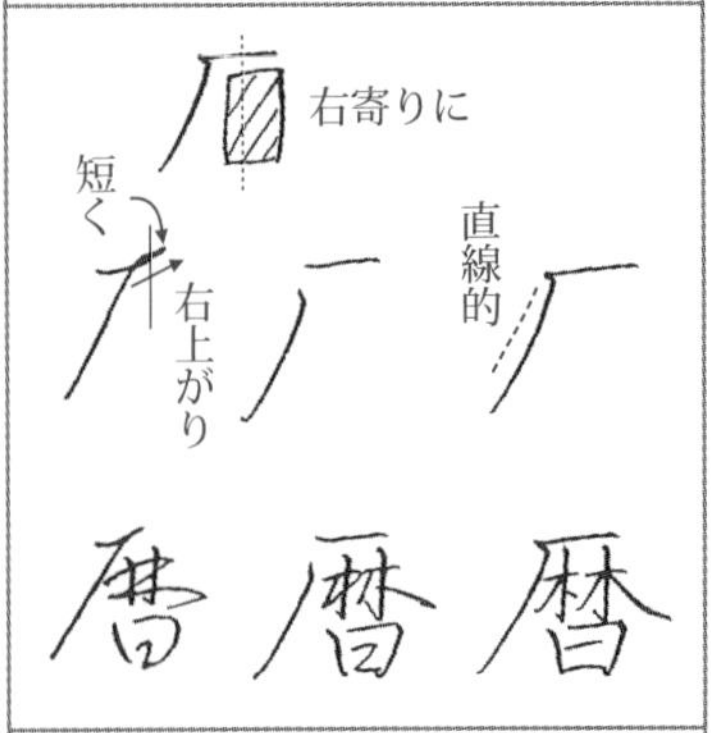
右寄りに
短く
右上がり
直線的

18　また

注
文
殳
下部ゆったりと広く

【3画】

19　くち

部分の時はこの形が多い
注意

20　くちへん

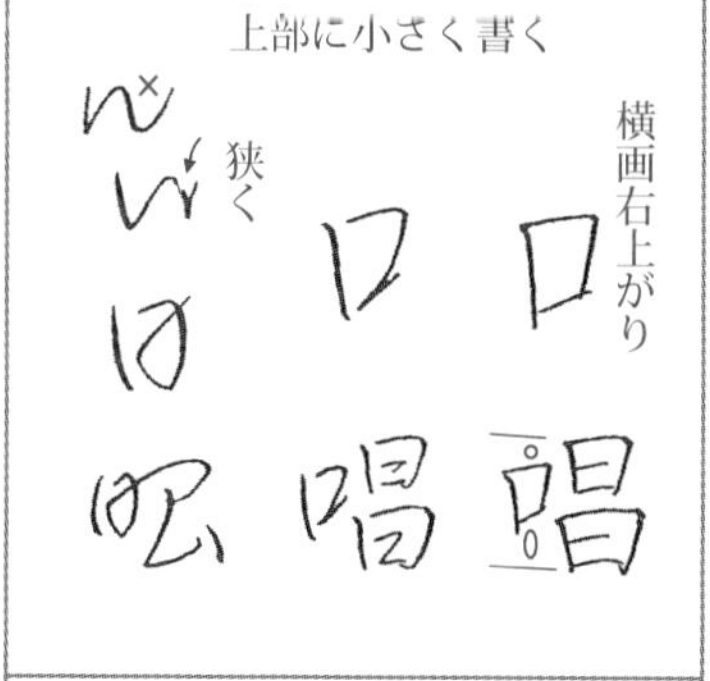
上部に小さく書く
狭く
横画右上がり

21　くにがまえ

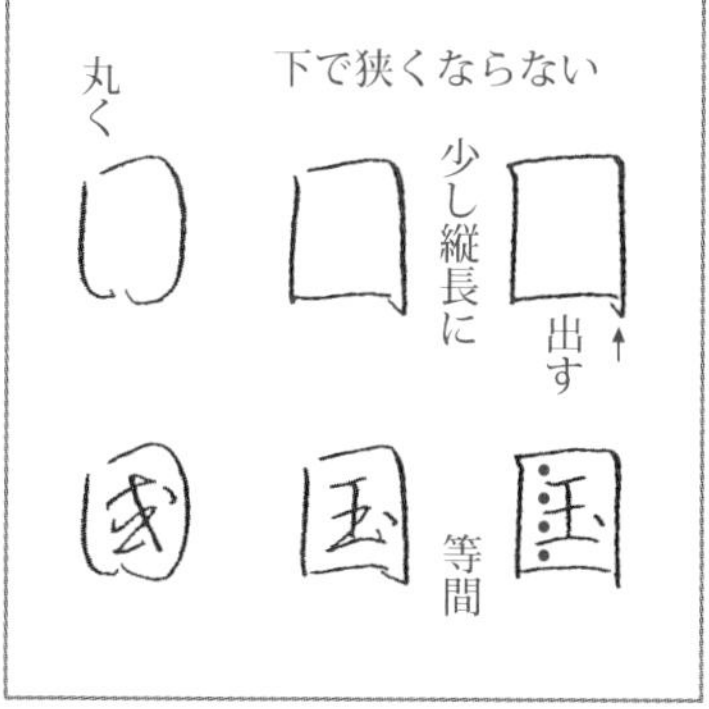
下で狭くならない
丸く
少し縦長に
出す
等間

22　つち

横画の反り方
草
長さ方向を同じにしない

23　つちへん

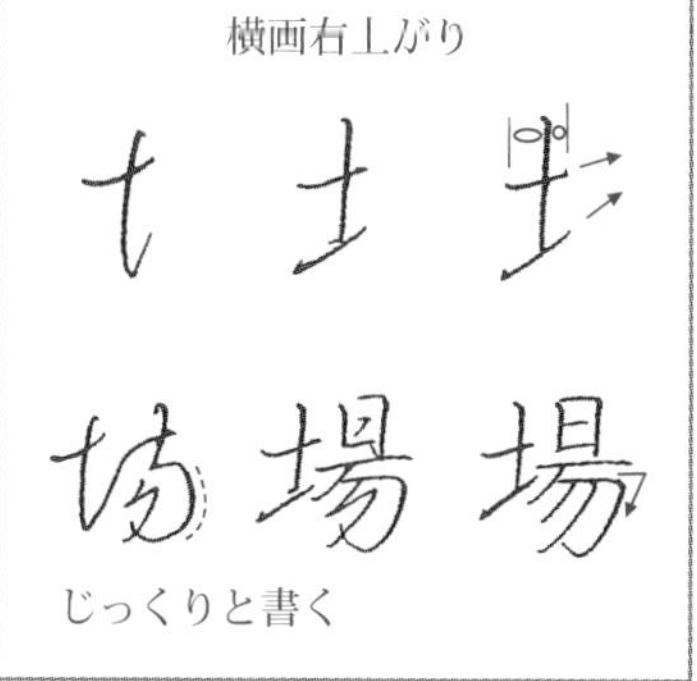
横画右上がり
じっくりと書く

24　すいにょう

立てる
広く
等間

25　ゆうべ（せき）

斜画を平行にしない
直線的
横広く他は狭く

26　だい

たてる
長短が逆転

27　おんな

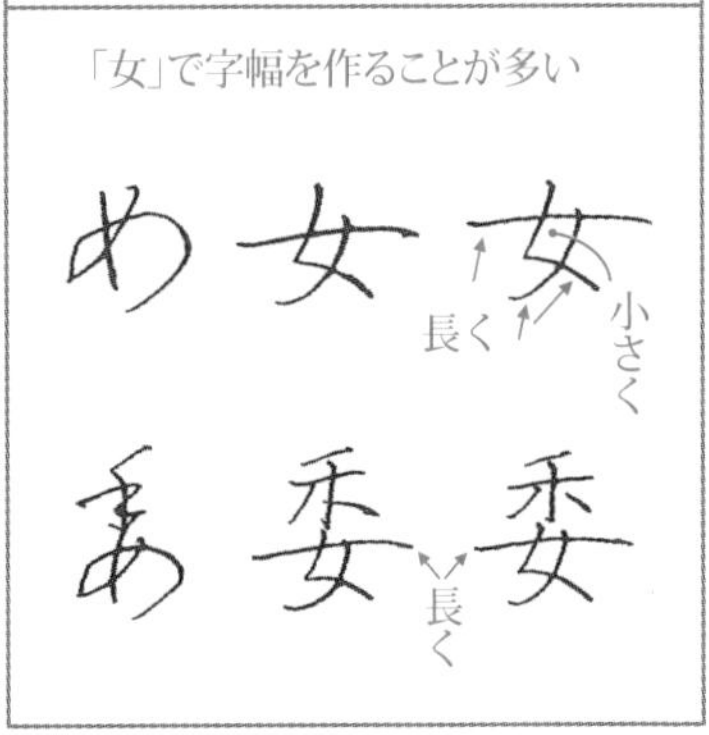
「女」で字幅を作ることが多い
長く
小さく
長く

28　おんなへん

右上がり
小さく
横広に

29　こ

（ここに横画を）
△
草
短くなることが多い
広く

30　こへん

注
右上がり
右上がり
長くしない

【3画】

31 うかんむり

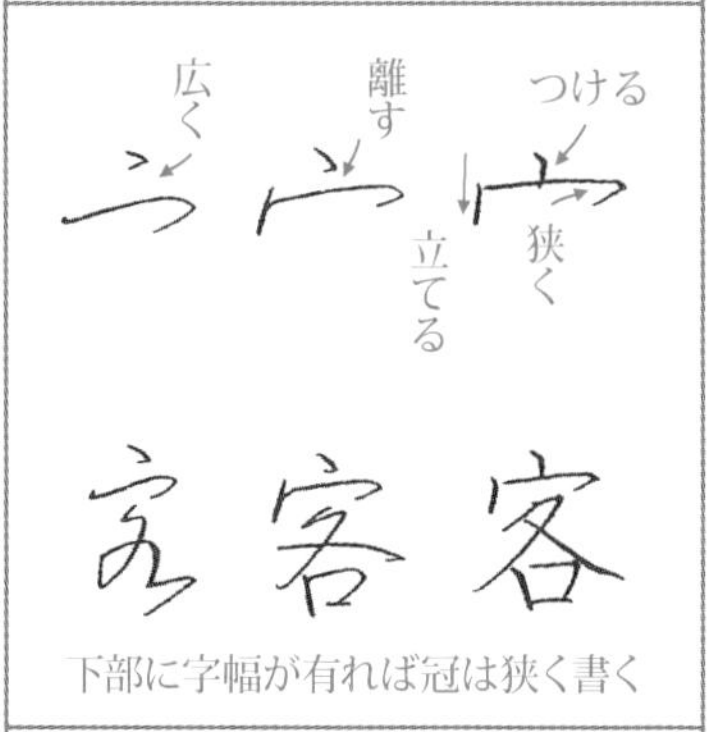
広く
離す
つける
立てる
狭く
下部に字幅が有れば冠は狭く書く

32 すん（＊下部）

横広に書く
点は上部に
長く
長短

33 すん（＊右側）

縦長に書く
注
点は上部に

34 かばね（しかばね）

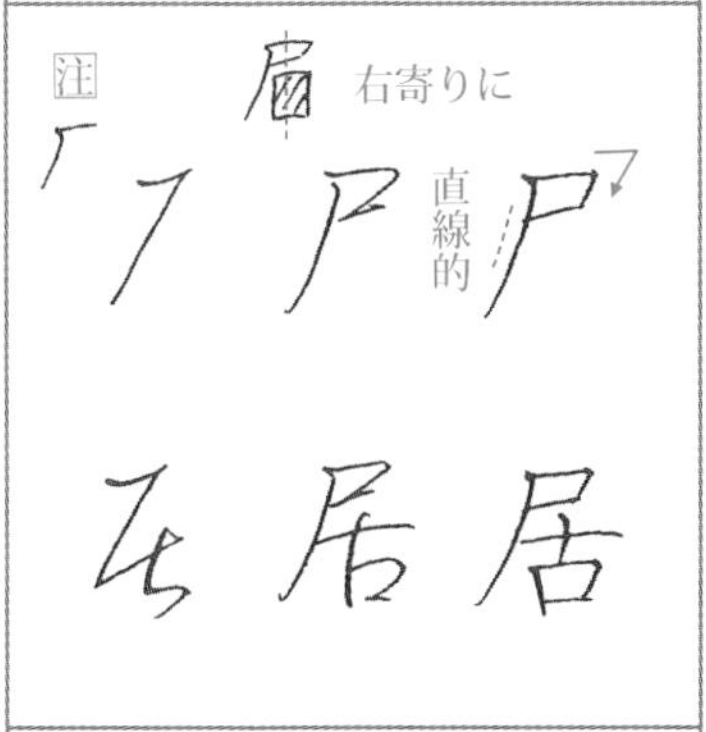
注
右寄りに
直線的

35 やま

上部の時は扁平に書く
注
止

36 やまへん

へんを上部に書く
右上がり
山を上部に

37　はば

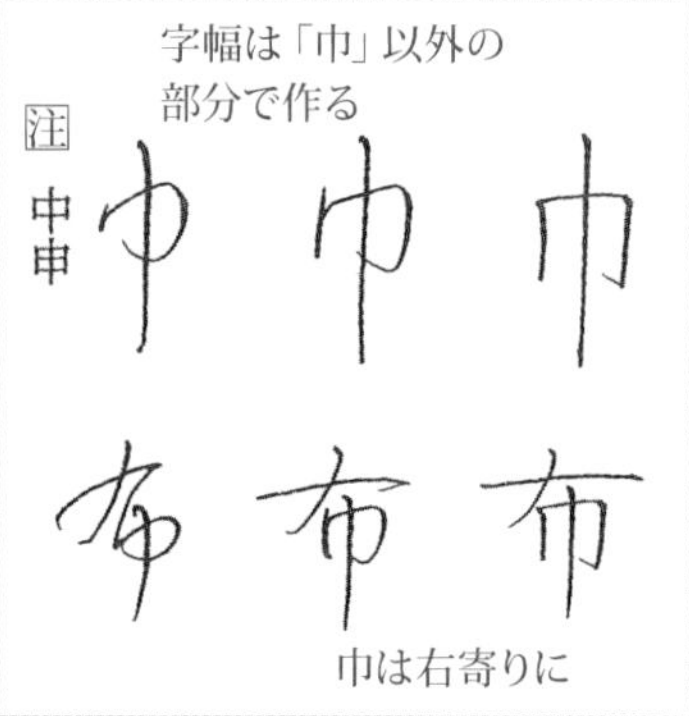
字幅は「巾」以外の部分で作る
注
中
串
巾は右寄りに

38　はばへん

注
虫
右上がり
右へ出す

39　かん

草行は対称や平行にしない
空間を窮屈にしない

40　まだれ

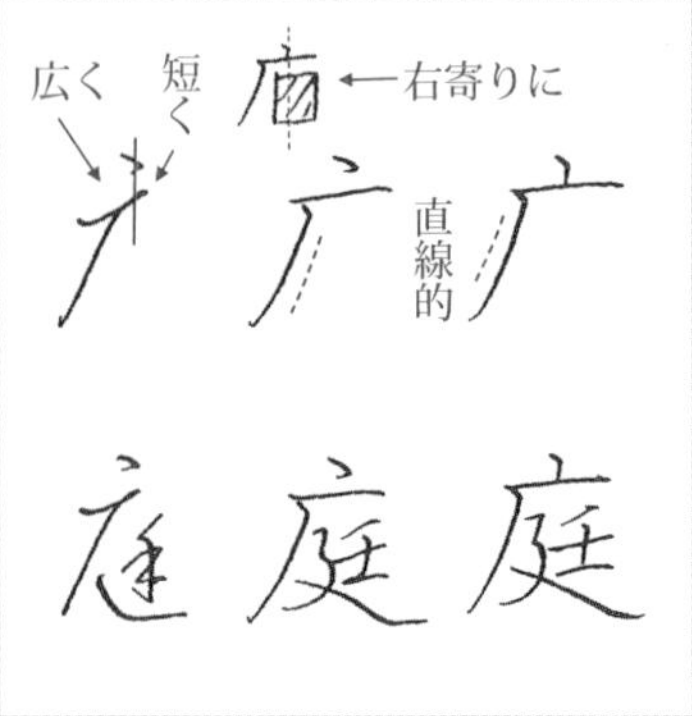
広く
短く
右寄りに
直線的

41　えんにょう

注
立てぎみ

42　ゆみへん

不平行
少し倒す
長めに
小大
広く

【3〜4画】

43　さんづくり

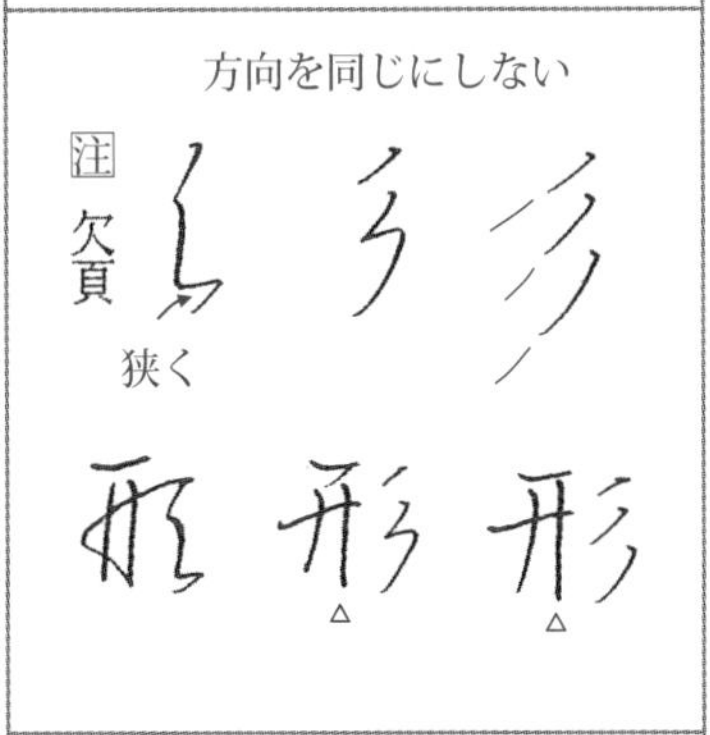
方向を同じにしない
注
欠
頁
狭く

44　ぎょうにんべん

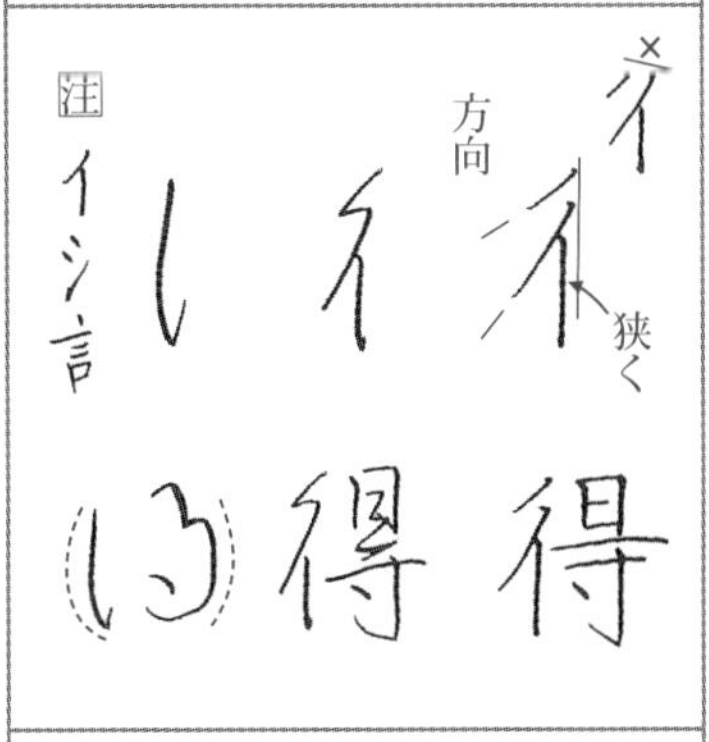
注
イ
シ
言
方向
狭く

45　こころ

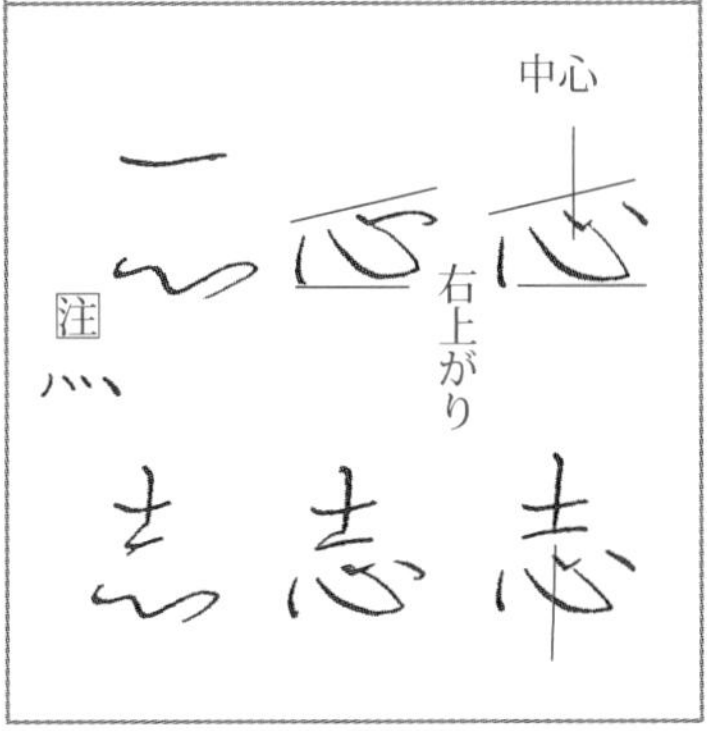
中心
注
灬
右上がり

46　りっしんべん

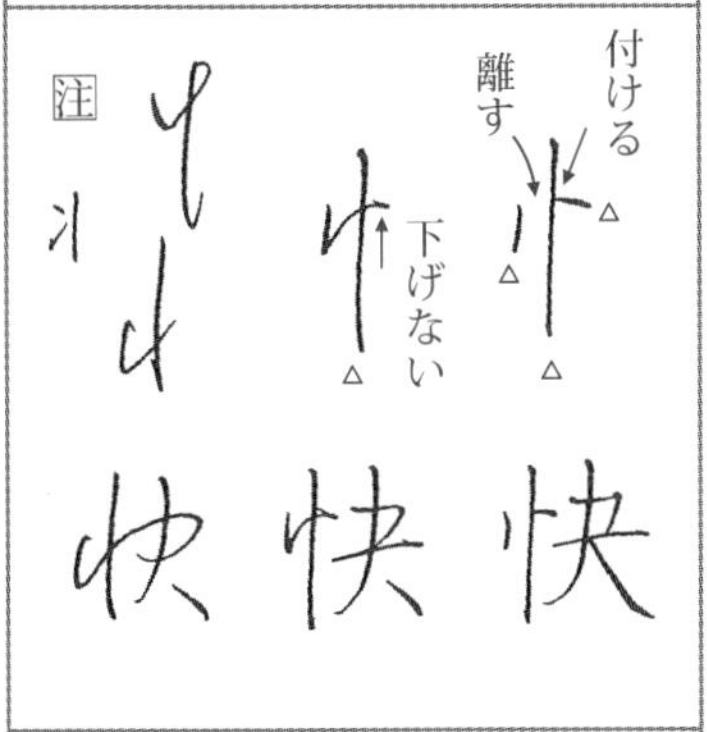
注
忄
離す
付ける
下げない

47　ほこづくり

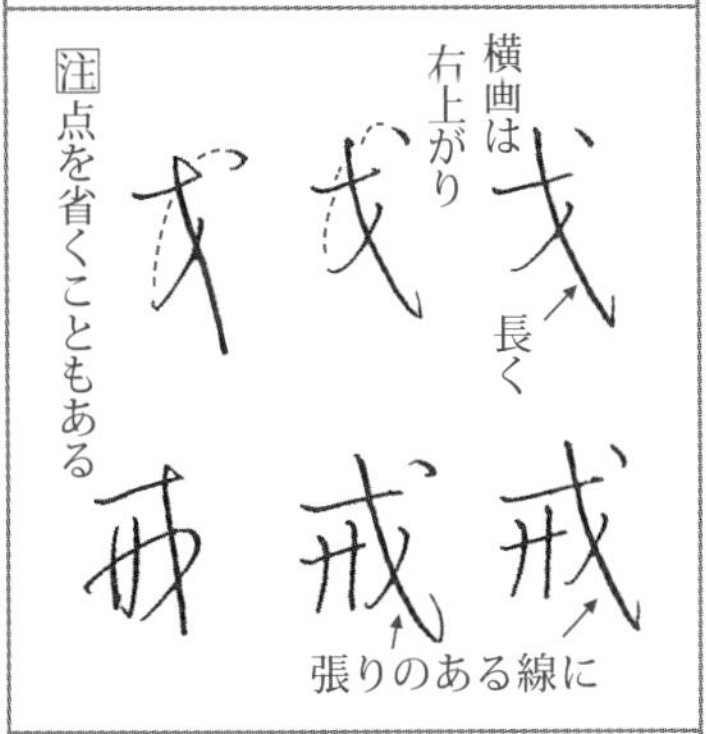
注
点を省くこともある
横画は右上がり
長く
張りのある線に

48　とだれ（とかんむり）

注
广
厂
右寄りに
直線的

49　てへん

3画目は丁寧に
右上がり
すくう
短く
注
書写体 指 を考える

50　ぼくづくり

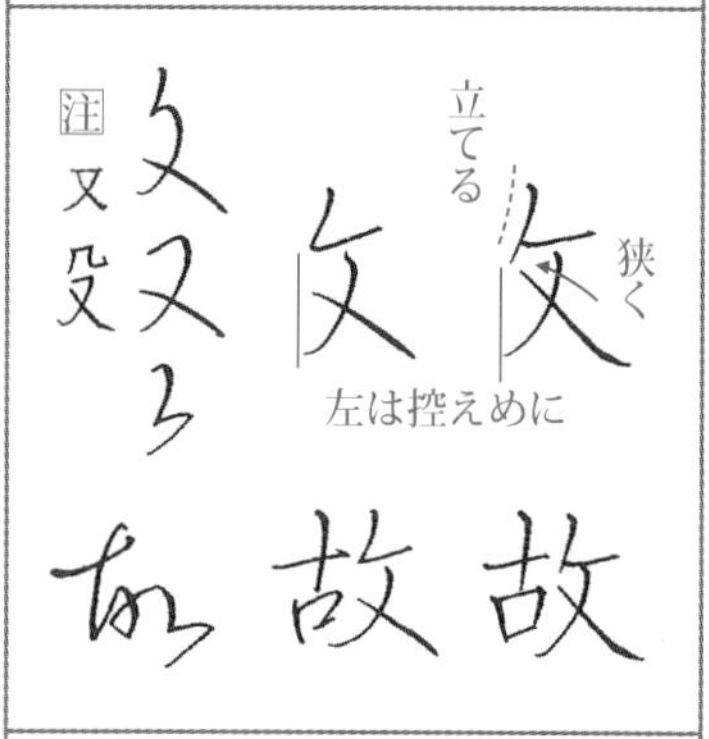
注
又
殳
立てる
狭く
左は控えめに

51　おのづくり

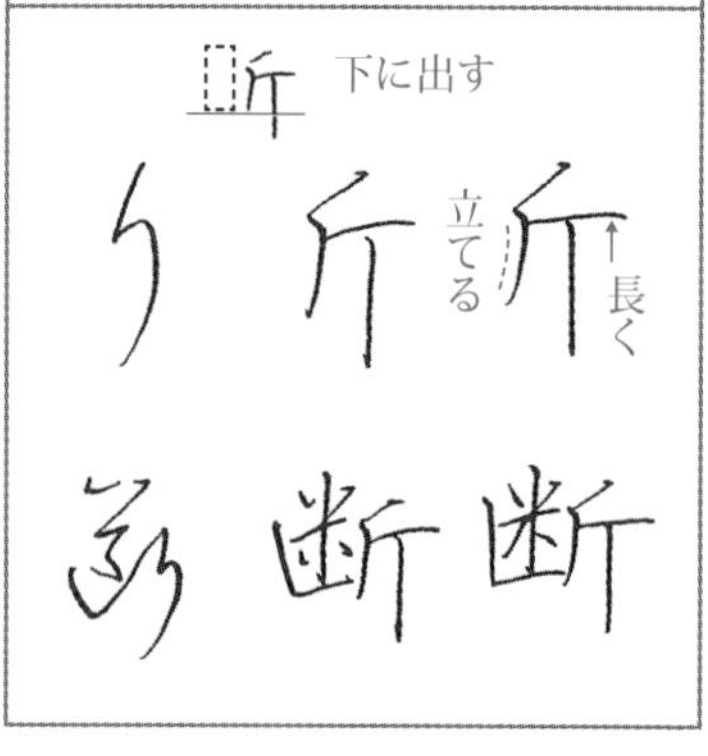
下に出す
立てる
長く

52　かたへん

注
木
注
扌
離す
長く
△
方向の差

53　ひ

上部
注
口
下部

54　ひへん（にちへん）

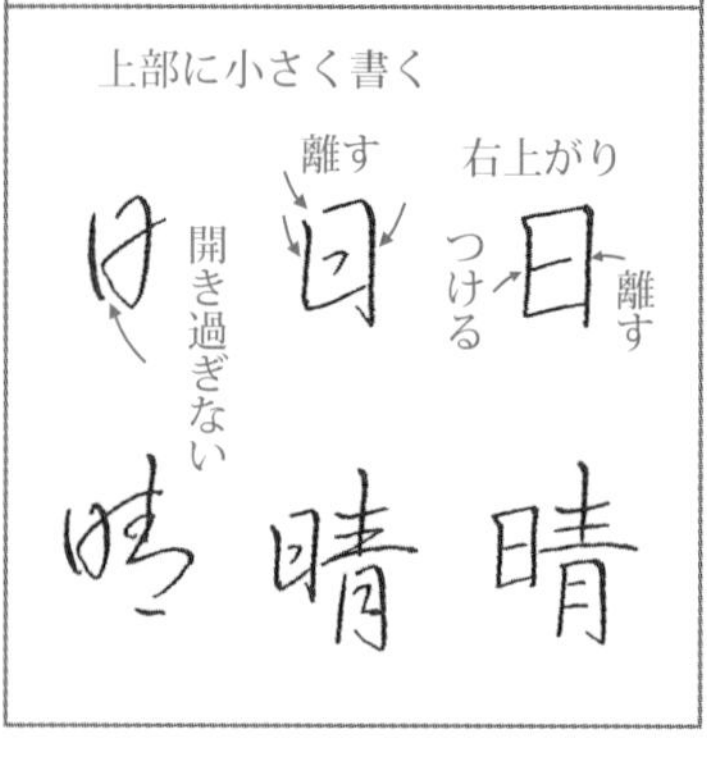
上部に小さく書く
離す
右上がり
開き過ぎない
つける
離す

【4画】

55　ひらび

扁平に書く

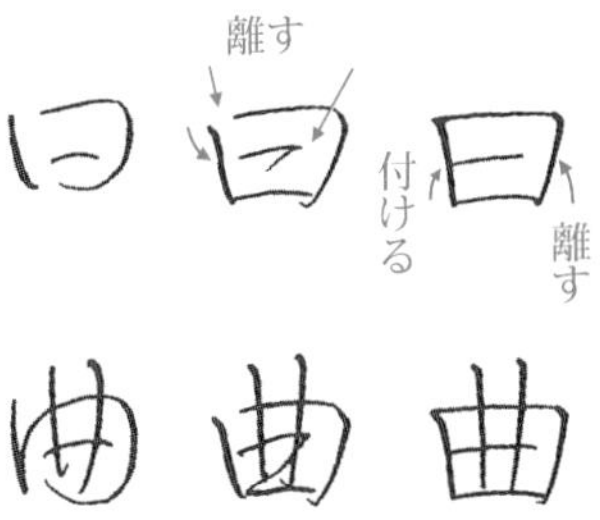

56　つき

57　つきへん（にくづき同形）

幅狭く書く

58　き

草行では対称にしない工夫を

59　きへん

60　あくび

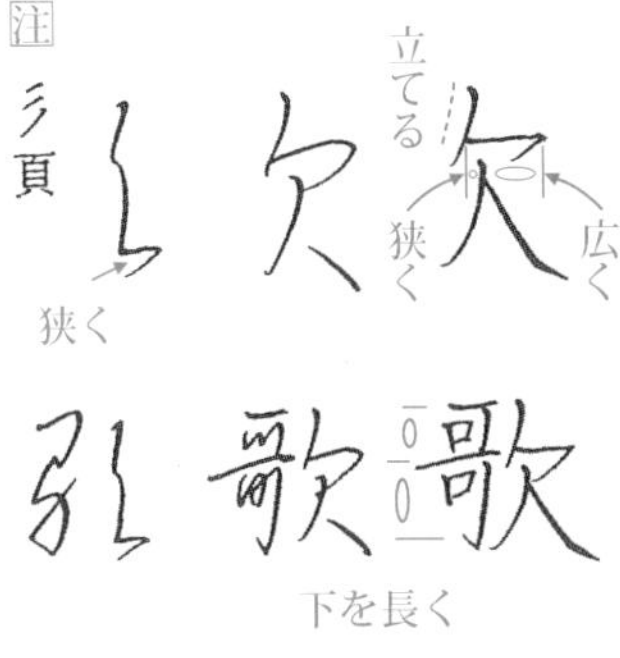

61　とめへん

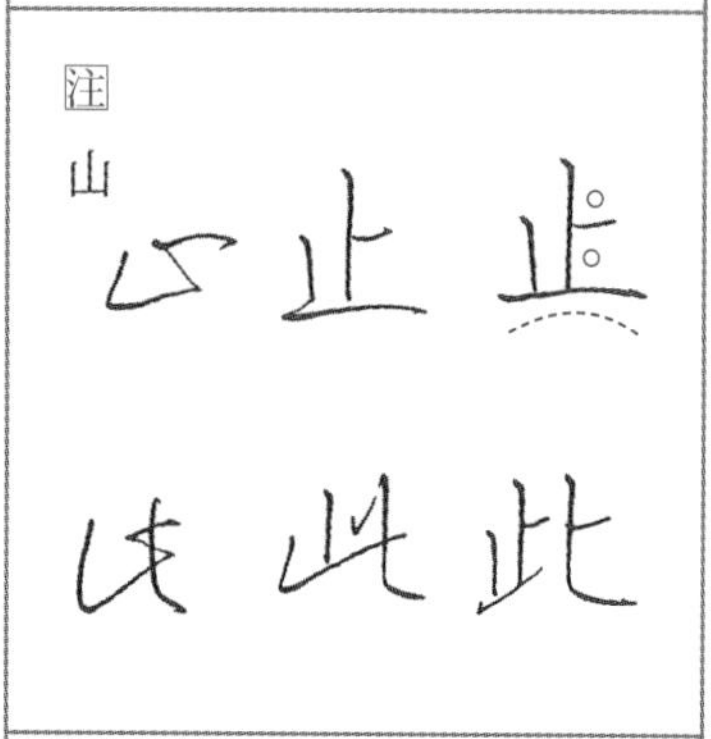
注
山

62　がつへん

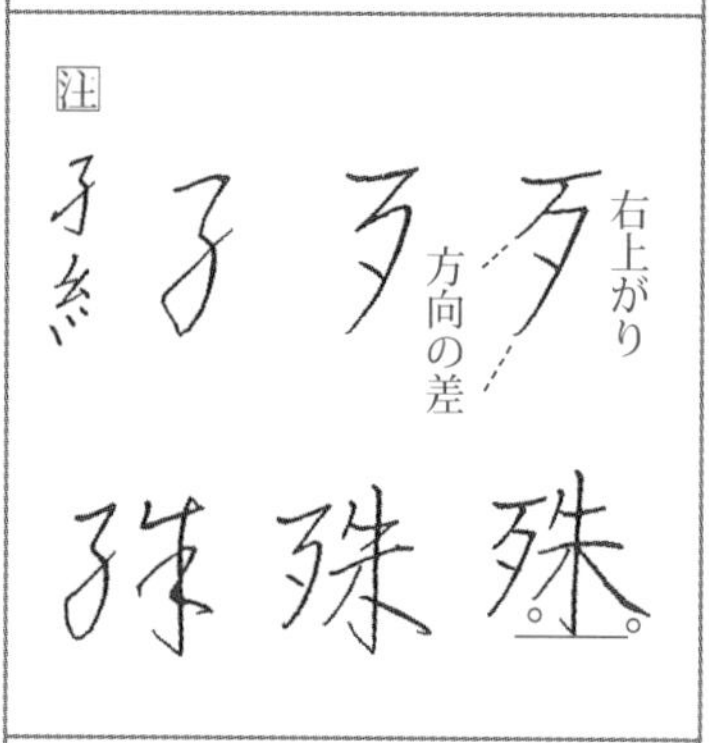
注
右上がり
方向の差

63　るまた（ほこづくり）

注

64　さんずい

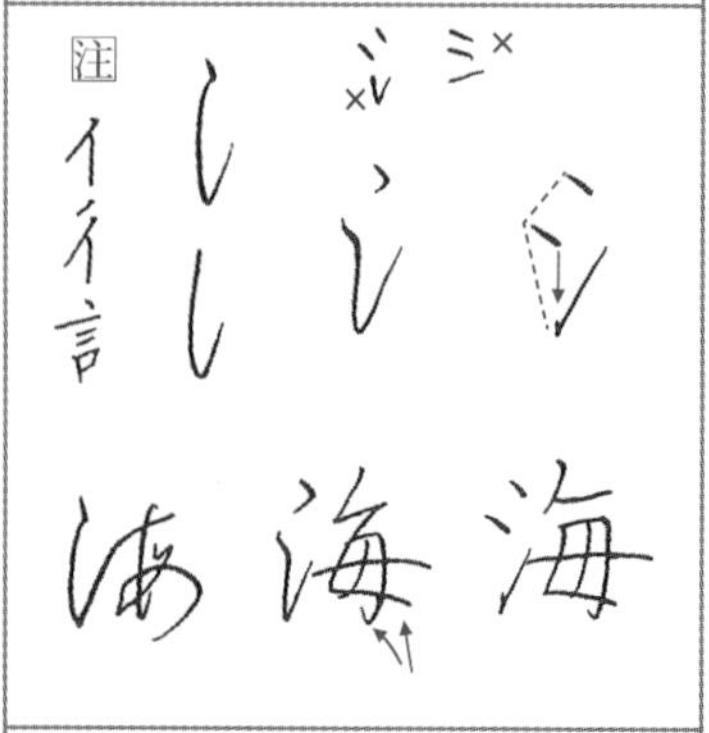
注

65　ひへん

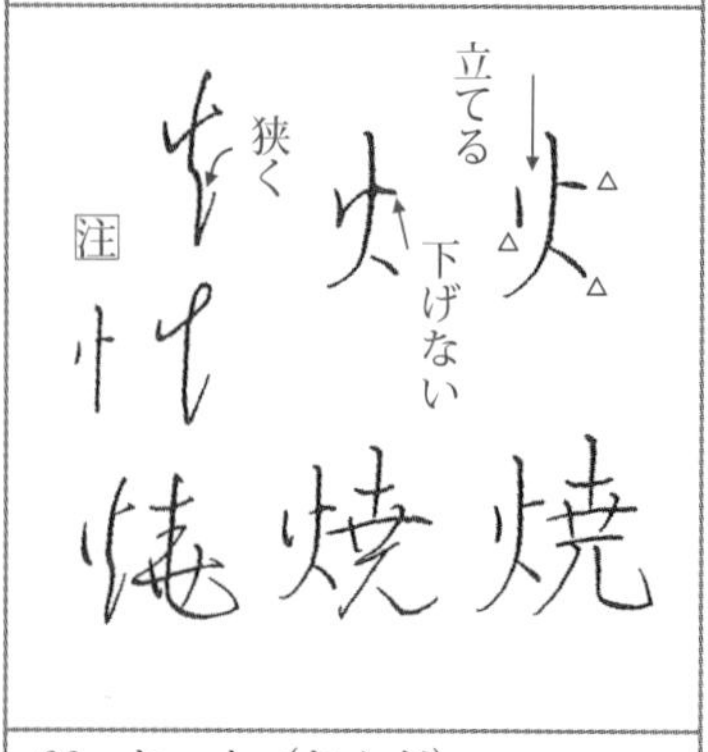
注
狭く
立てる
下げない

66　れっか（れんが）

注
等間
狭く戻る
幅を同じにしない

【4～5画】

67　うしへん

4画目は丁寧に
長く
立てる

68　けものへん

方向注意
広く

69　たまへん

上にそろえる
等間

70　た

字幅は「田」以外の
部分で作る
出す

71　やまいだれ

短く
右寄りに
離す
付ける

72　はつがしら

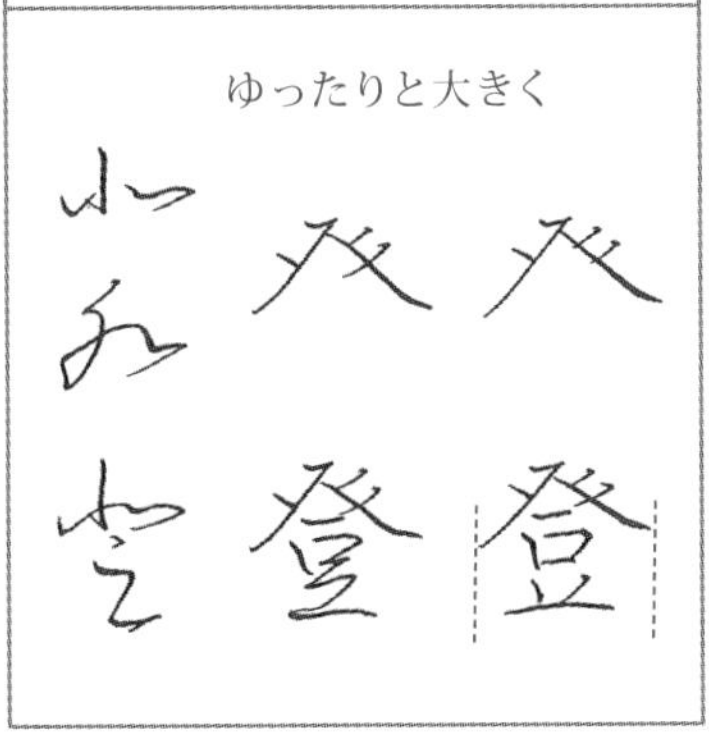
ゆったりと大きく

73　しろ

離す
つける
長
横画はゆったりと長く

74　さら

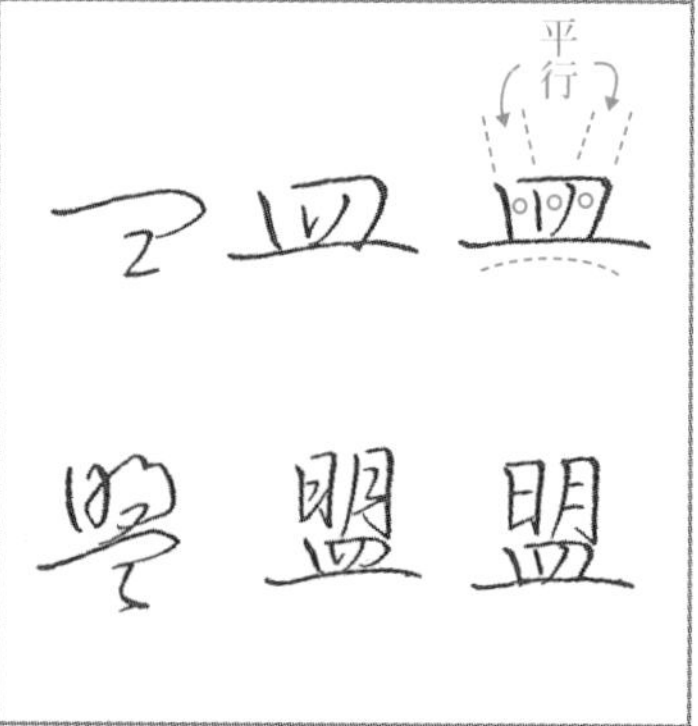

平行

75　め

中の二画軽く
長
注
口
草上部大きく
目は右寄り

76　めへん

注
日
右上がり
長く

77　やへん

注
火
走
右上がり
長く
立てる

78　いしへん

右上がり
直線的
立てる

79　しめす

（下部につく場合）
注
扁平に
上部をゆったりと

80　しめすへん

注
広く

81　のぎへん

倒す
そろえる
右上がり

82　あなかんむり

立てる
狭く
下げない
草 対称にしない

83　たつへん

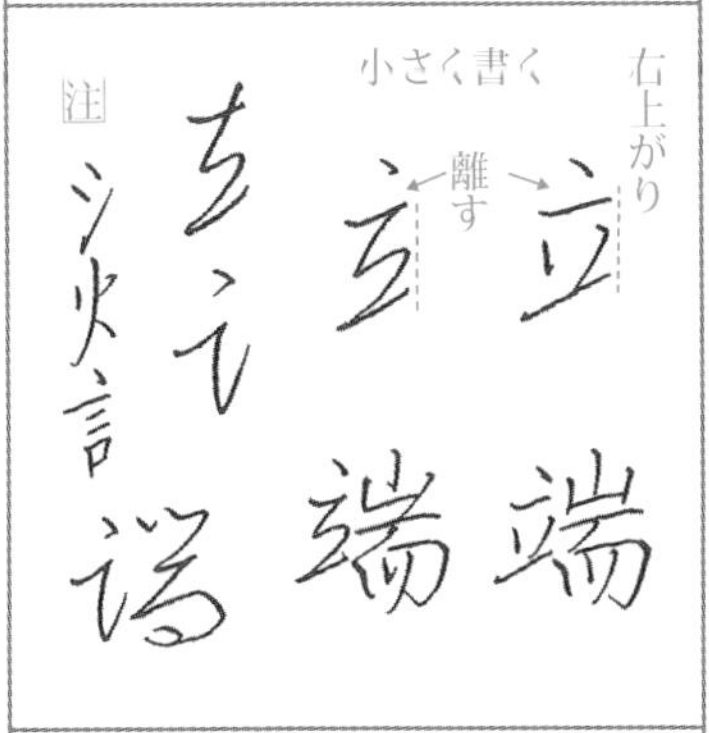
注
小さく書く
右上がり
離す

84　たけかんむり

注
小　大
小　大
長く

85　こめへん

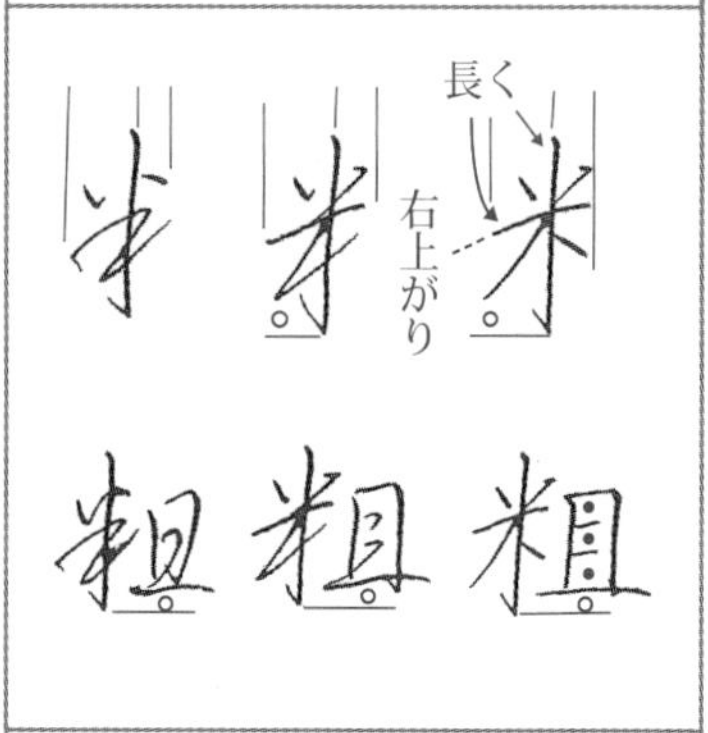

86　いとへん

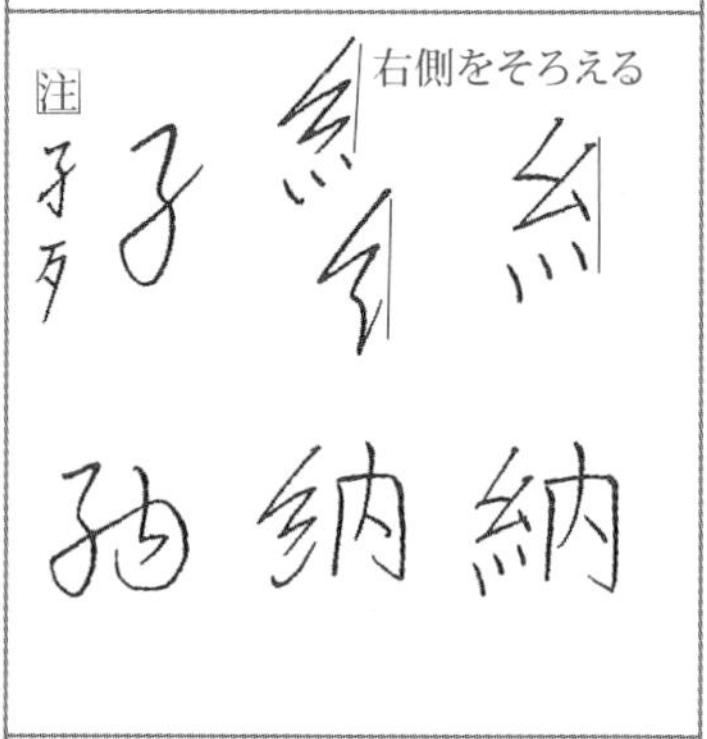

87　あみがしら

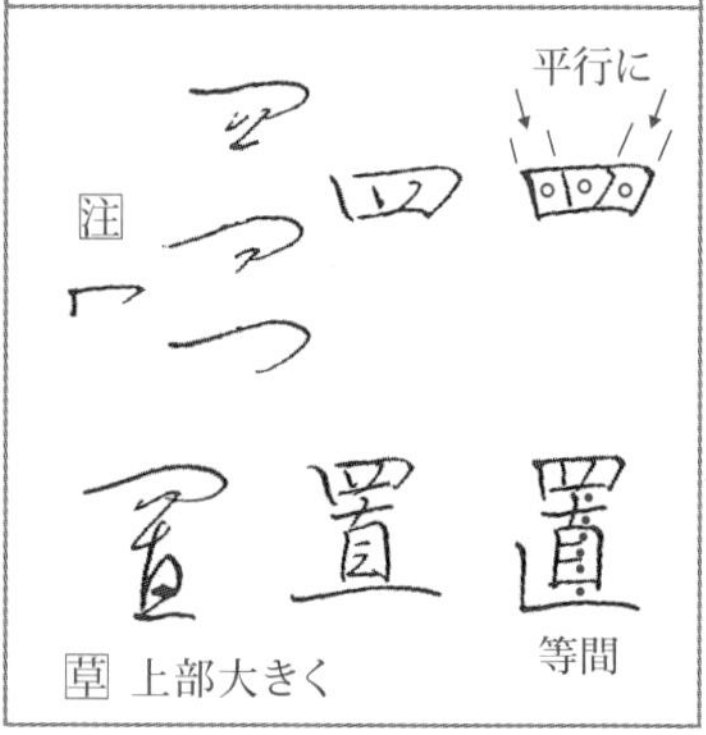

88　はね

89　おいかんむり

90　みみへん

【6画】

91　ふねへん

注
短めに

92　くさかんむり

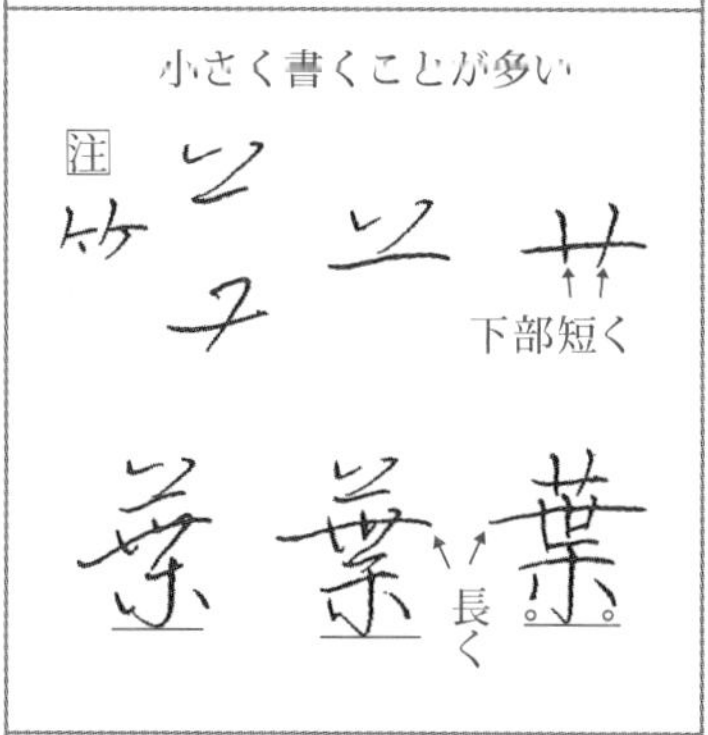
小さく書くことが多い
注
下部短く
長く

93　とらがしら

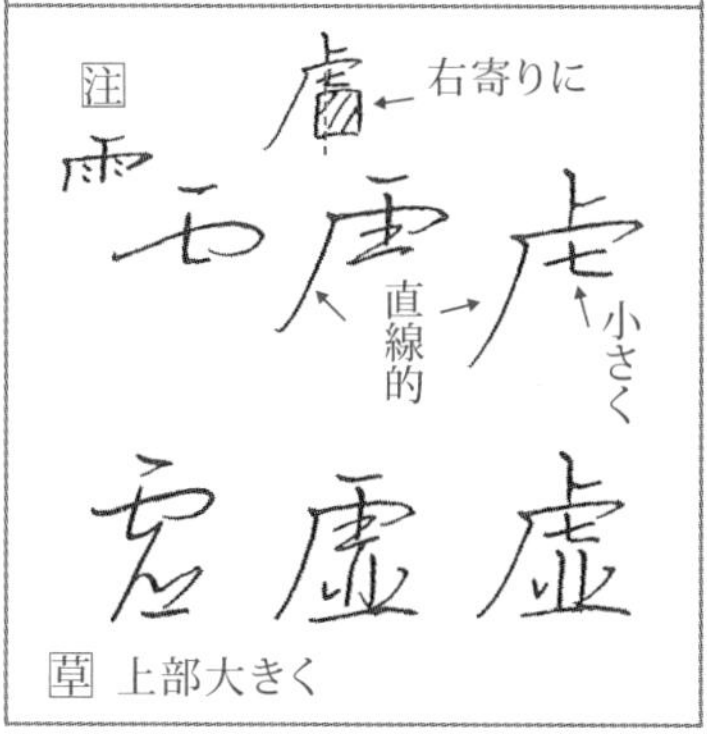
注
右寄りに
直線的
小さく
草 上部大きく

94　むしへん

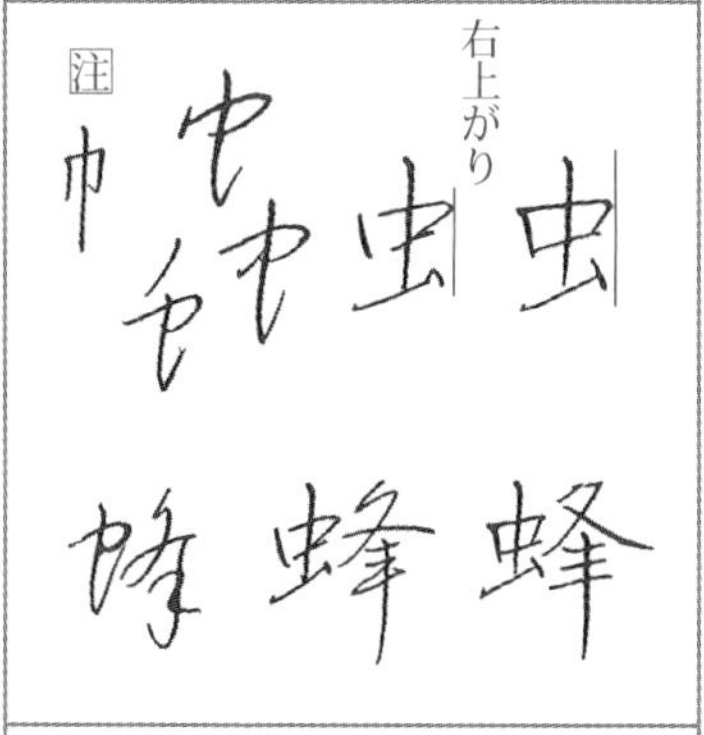
注
右上がり

95　ぎょうがまえ（ゆきがまえ）

右の部分は下げる
長く

96　ころも

広く

97　ころもへん

注
礻
広く
右上り
短く

98　みる

等間
直線的に
見は下ぎみに

99　つのへん

注
馬
右をそろえる
上過ぎないよう

100　ごんべん

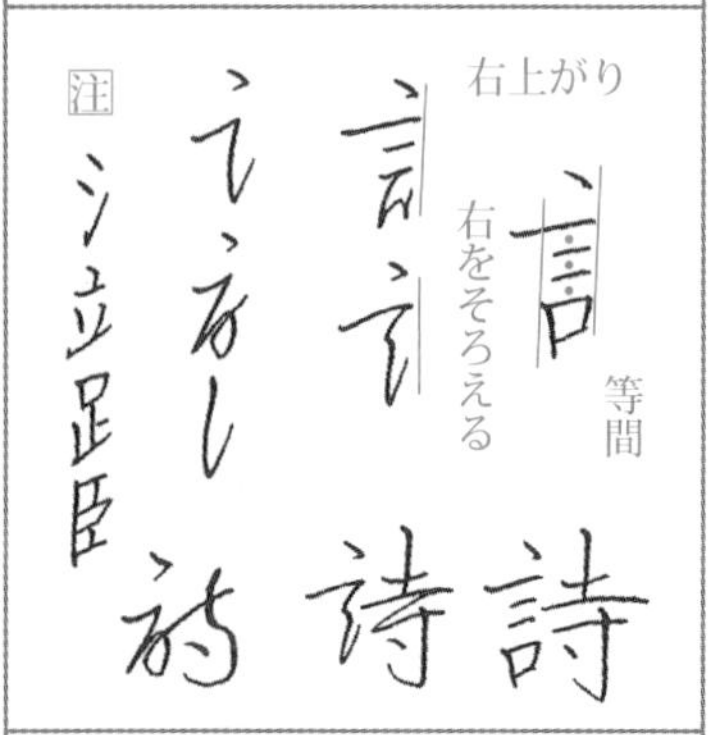
注
右上がり
右をそろえる
等間

101　かい

注
大
等間
長く

102　かいへん

注
阝
右上がり

【7画】

103　そうにょう

注
長く

104　あしへん

注
広く
右上がり
上部をそろえる

105　くるまへん

右をそろえる
長く
等間

106　しんにょう

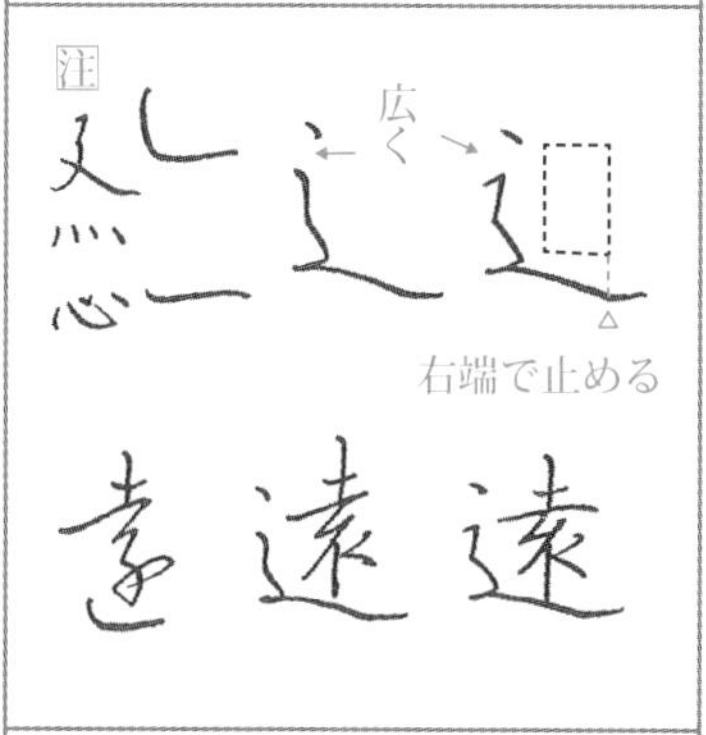
注
広く
右端で止める

107　おおざと

注
へんの下部に合わせる

108　とりへん

下部は狭くしない
注
上過ぎない

109　かねへん

右をそろえる
少し出す
直線的
長く

110　もんがまえ

注
長く
広く
日は上部に

111　こざとへん

注
右上がり
右へ出さない
長く

112　ふるとり

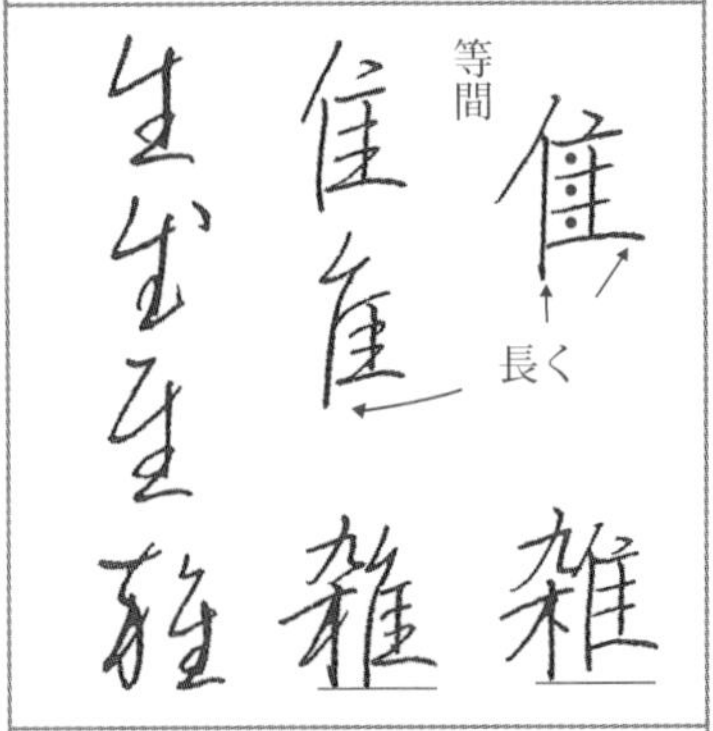
等間
長く

113　あめかんむり

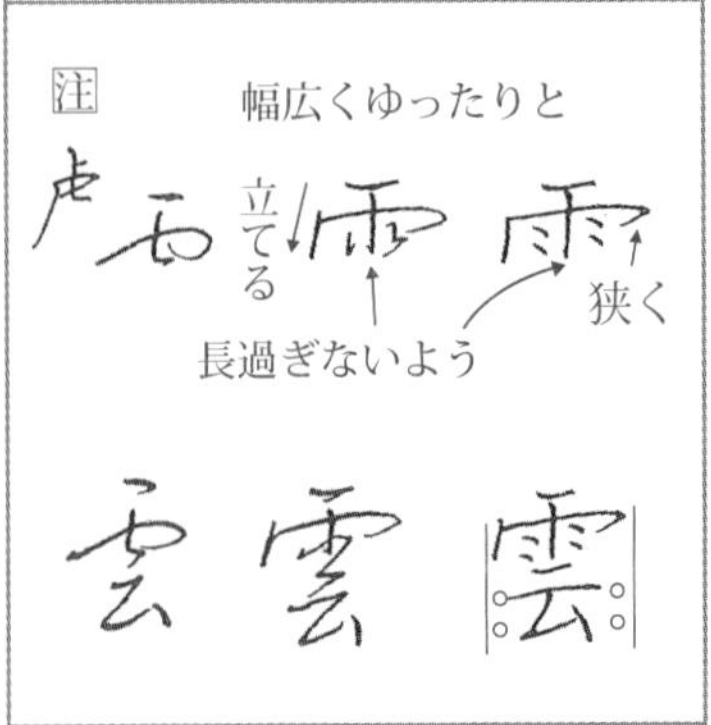
注
幅広くゆったりと
立てる
狭く
長過ぎないよう

114　おと

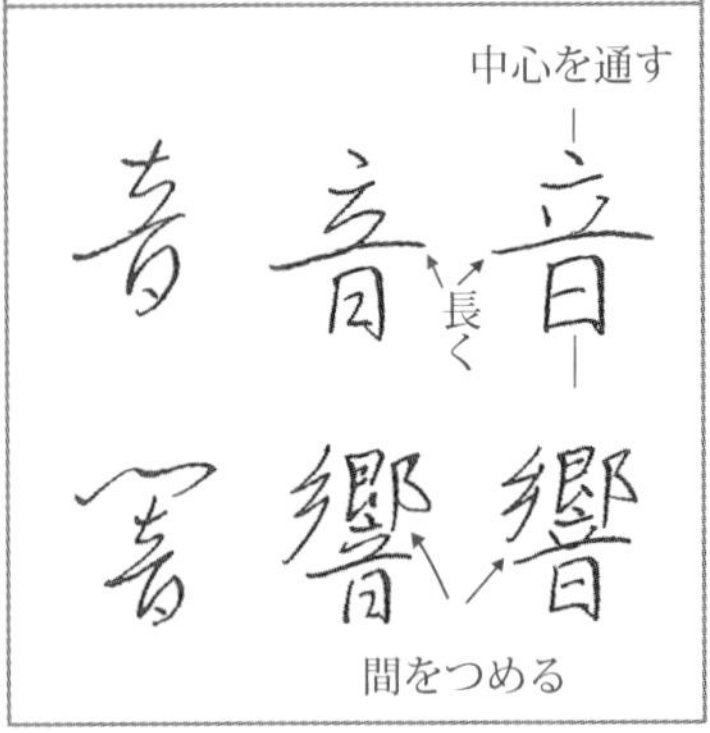
中心を通す
長く
間をつめる

【9〜11画】

115　おおがい

注
右へ長めに
等間

116　しょくへん

右をそろえる
直線的

117　うまへん

注
右へ出さない
点 上部に
広く

118　きにょう

ムは縦線に寄せる

119　うおへん（さかなへん）

右をそろえる
右上がり
上過ぎないよう

120　とり

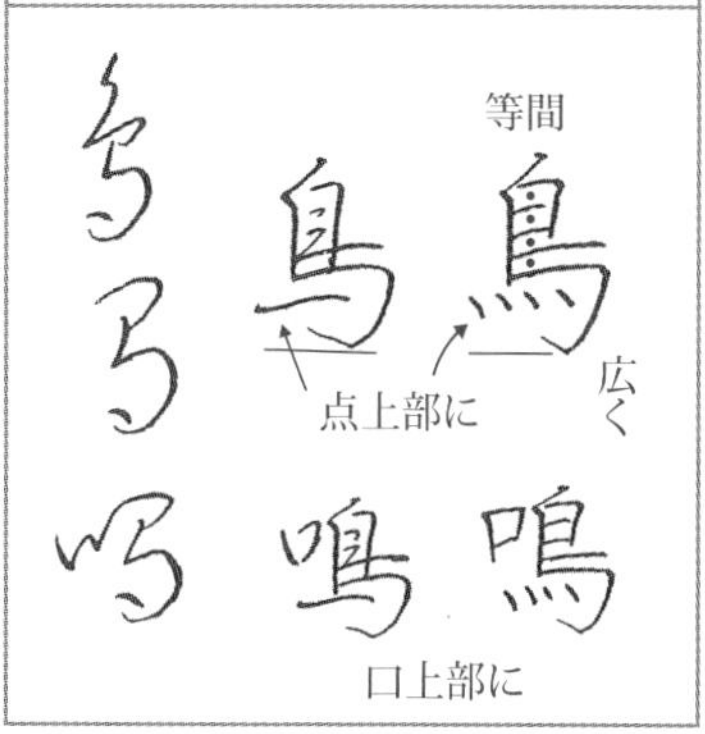
等間
点上部に
広く
口上部に

常用漢字の楷書と行書

この手本は常用漢字をペン字で書いたものです。
行書２種類の順序には、特別の意味はありません。

行書	行書	楷書
扱	扱	扱

行書	行書	楷書
亜	亜	亜

常用漢字表 索引

※漢字表の配列は「常用漢字表」に準じています。

扱	扱	扱	亜	亜	亜
宛	宛	宛	哀	哀	哀
嵐	嵐	嵐	挨	挨	挨
安	安	安	愛	愛	愛
案	案	案	曖	曖	曖
暗	暗	暗	悪	悪	悪
以	以	以	握	握	握
衣	衣	衣	圧	圧	圧

ア ▼ イ

亜哀挨愛
曖悪握圧
扱宛嵐安
案暗以衣

位	位	位
囲	囲	囲
医	医	医
依	依	依
委	委	委
威	威	威
為	為	為
畏	畏	畏

胃	胃	胃
尉	尉	尉
異	異	異
移	移	移
萎	萎	萎
偉	偉	偉
椅	椅	椅
彙	彙	彙

位囲医依
委威為畏
胃尉異移
萎偉椅彙

イ

イ

意	意	意
違	違	違
維	維	維
慰	慰	慰
遺	遺	遺
緯	緯	緯
域	域	域
育	育	育

一	一	一
壱	壱	壱
逸	逸	逸
茨	茨	茨
芋	芋	芋
引	引	引
印	印	印
因	因	因

イ → イン

意違維慰
遺緯域育
一壱逸茨
芋引印因

イン → ウネ

咽姻員院

淫陰飲隠

韻右宇羽

雨唄鬱畝

営	営	営	浦	浦	浦
詠	詠	詠	運	運	運
影	影	影	雲	雲	雲
鋭	鋭	鋭	永	永	永
衛	衛	衛	泳	泳	泳
易	易	易	英	英	英
疫	疫	疫	映	映	映
益	益	益	栄	栄	栄

ウラ ↓ エキ

浦運雲永
泳英映栄
営詠影鋭
衛易疫益

液	液	液
駅	駅	駅
悦	悦	悦
越	越	越
謁	謁	謁
閲	閲	閲
円	円	円
延	延	延

沿	沿	沿
炎	炎	炎
怨	怨	怨
宴	宴	宴
媛	媛	媛
援	援	援
園	園	園
煙	煙	煙

エキ→エン

液駅悦越
謁閲円延
沿炎怨宴
媛援園煙

猿	猿	猿
遠	遠	遠
鉛	鉛	鉛
塩	塩	塩
演	演	演
縁	縁	縁
艶	艶	艶
汚	汚	汚

王	王	王
凹	凹	凹
央	央	央
応	応	応
往	往	往
押	押	押
旺	旺	旺
欧	欧	欧

エン〜オウ

猿 遠 鉛 塩
演 縁 艶 汚
王 凹 央 応
往 押 旺 欧

殴	殴	殴
桜	桜	桜
翁	翁	翁
奥	奥	奥
横	横	横
岡	岡	岡
屋	屋	屋
億	億	億

憶	憶	憶
臆	臆	臆
虞	虞	虞
乙	乙	乙
俺	俺	俺
卸	卸	卸
音	音	音
恩	恩	恩

オウ
オン

殴桜翁奥
横岡屋億
憶臆虞乙
俺卸音恩

温	温	温
穏	穏	穏
下	下	下
化	化	化
火	火	火
加	加	加
可	可	可
仮	仮	仮

何	何	何
花	花	花
佳	佳	佳
価	価	価
果	果	果
河	河	河
苛	苛	苛
科	科	科

オン → カ

温穏下化
火加可仮
何花佳価
果河苛科

カ

カ

架夏家荷

華菓貨渦

過嫁暇禍

靴寡歌箇

稼	稼	稼
課	課	課
蚊	蚊	蚊
牙	牙	牙
瓦	瓦	瓦
我	我	我
画	画	画
芽	芽	芽

賀	賀	賀
雅	雅	雅
餓	餓	餓
介	介	介
回	回	回
灰	灰	灰
会	会	会
快	快	快

カ

カイ

稼　課　蚊　牙
瓦　我　画　芽
賀　雅　餓　介
回　灰　会　快

戒	戒	戒
改	改	改
怪	怪	怪
拐	拐	拐
悔	悔	悔
海	海	海
界	界	界
皆	皆	皆

械	械	械
絵	絵	絵
開	開	開
階	階	階
塊	塊	塊
楷	楷	楷
解	解	解
潰	潰	潰

カイ

カイ

戒改怪拐
悔海界皆
械絵開階
塊楷解潰

涯	涯	涯	壊	壊	壊
街	街	街	懐	懐	懐
慨	慨	慨	諧	諧	諧
蓋	蓋	蓋	貝	貝	貝
該	該	該	外	外	外
概	概	概	劾	劾	劾
骸	骸	骸	害	害	害
垣	垣	垣	崖	崖	崖

カイ

↓

カキ

壊懐諧貝

外劾害崖

涯街慨蓋

該概骸垣

カキ ▼ カク

柿各角拡
革格核殻
郭覚較隔
閣確獲嚇

括	括	括	穫	穫	穫
活	活	活	学	学	学
喝	喝	喝	岳	岳	岳
渇	渇	渇	楽	楽	楽
割	割	割	額	額	額
葛	葛	葛	顎	顎	顎
滑	滑	滑	掛	掛	掛
褐	褐	褐	潟	潟	潟

カク

カッ

穫学岳楽
額顎掛潟
括活喝渇
割葛滑褐

カツ

カン

轄　且　株　釜
鎌　刈　干　刊
甘　汗　缶　完
肝　官　冠　巻

堪	堪	堪	看	看	看
換	換	換	陥	陥	陥
敢	敢	敢	乾	乾	乾
棺	棺	棺	勘	勘	勘
款	款	款	患	患	患
間	間	間	貫	貫	貫
閑	閑	閑	寒	寒	寒
勧	勧	勧	喚	喚	喚

カン

▼カン

看陥乾勘
患貫寒喚
堪換敢棺
款間閑勧

監	監	監	寛	寛	寛
緩	緩	緩	幹	幹	幹
憾	憾	憾	感	感	感
還	還	還	漢	漢	漢
館	館	館	慣	慣	慣
環	環	環	管	管	管
簡	簡	簡	関	関	関
観	観	観	歓	歓	歓

カン

カン

寛幹感漢
慣管関歓
監緩憾還
館環簡観

韓	韓	韓
艦	艦	艦
鑑	鑑	鑑
丸	丸	丸
含	含	含
岸	岸	岸
岩	岩	岩
玩	玩	玩

眼	眼	眼
頑	頑	頑
顔	顔	顔
願	願	願
企	企	企
伎	伎	伎
危	危	危
机	机	机

カン → キ

韓艦鑑丸
含岸岩玩
眼頑顔願
企伎危机

紀	紀	紀	気	気	気
軌	軌	軌	岐	岐	岐
既	既	既	希	希	希
記	記	記	忌	忌	忌
起	起	起	汽	汽	汽
飢	飢	飢	奇	奇	奇
鬼	鬼	鬼	祈	祈	祈
帰	帰	帰	季	季	季

キ

キ

気岐希忌
汽奇祈季
紀軌既記
起飢鬼帰

棋	棋	棋	基	基	基
貴	貴	貴	寄	寄	寄
棄	棄	棄	規	規	規
毀	毀	毀	亀	亀	亀
旗	旗	旗	喜	喜	喜
器	器	器	幾	幾	幾
畿	畿	畿	揮	揮	揮
輝	輝	輝	期	期	期

キ

キ

基寄規亀

喜幾揮期

棋貴棄毀

旗器畿輝

機	機	機
騎	騎	騎
技	技	技
宜	宜	宜
偽	偽	偽
欺	欺	欺
義	義	義
疑	疑	疑

儀	儀	儀
戯	戯	戯
擬	擬	擬
犠	犠	犠
議	議	議
菊	菊	菊
吉	吉	吉
喫	喫	喫

キ

キッ

機騎技宜
偽欺義疑
儀戯擬犠
議菊吉喫

及	及	及	詰	詰	詰
弓	弓	弓	却	却	却
丘	丘	丘	客	客	客
旧	旧	旧	脚	脚	脚
休	休	休	逆	逆	逆
吸	吸	吸	虐	虐	虐
朽	朽	朽	九	九	九
臼	臼	臼	久	久	久

キッ→キュウ

詰却客脚
逆虐九久
及弓丘旧
休吸朽臼

求	求	求
究	究	究
泣	泣	泣
急	急	急
級	級	級
糾	糾	糾
宮	宮	宮
救	救	救

球	球	球
給	給	給
嗅	嗅	嗅
窮	窮	窮
牛	牛	牛
去	去	去
巨	巨	巨
居	居	居

キュウ

キョ

求 究 泣 急
級 糾 宮 救
球 給 嗅 窮
牛 去 巨 居

キョ

キョウ

拒拠挙虚
許距魚御
漁凶共叫
狂京享供

キョウ

▼キョウ

協況峡挟
狭恐恭胸
脅強教郷
境橋矯鏡

競	競	競
響	響	響
驚	驚	驚
仰	仰	仰
暁	暁	暁
業	業	業
凝	凝	凝
曲	曲	曲

局	局	局
極	極	極
玉	玉	玉
巾	巾	巾
斤	斤	斤
均	均	均
近	近	近
金	金	金

キョウ ▼ キン

競響驚仰
暁業凝曲
局極玉巾
斤均近金

謹	謹	謹	菌	菌	菌
襟	襟	襟	勤	勤	勤
吟	吟	吟	琴	琴	琴
銀	銀	銀	筋	筋	筋
区	区	区	僅	僅	僅
句	句	句	禁	禁	禁
苦	苦	苦	緊	緊	緊
駆	駆	駆	錦	錦	錦

キン

菌　勤　琴　筋
僅　禁　緊　錦
謹　襟　吟　銀

ク

区　句　苦　駆

具惧愚空偶遇隅串
具惧愚空偶遇隅串
具惧愚空偶遇隅串
屈掘窟熊繰君訓勲
屈掘窟熊繰君訓勲
屈掘窟熊繰君訓勲

グ
クン

具惧愚空
偶遇隅串
屈掘窟熊
繰君訓勲

クン

ケイ

薫軍郡群
兄刑形系
径茎係型
契計恵啓

携	携	携	掲	掲	掲
継	継	継	渓	渓	渓
詣	詣	詣	経	経	経
慶	慶	慶	蛍	蛍	蛍
憬	憬	憬	敬	敬	敬
稽	稽	稽	景	景	景
憩	憩	憩	軽	軽	軽
警	警	警	傾	傾	傾

ケイ

ケイ

掲渓経蛍
敬景軽傾
携継詣慶
憬稽憩警

ケイ

↓

ケツ

鶏 芸 迎 鯨

隙 劇 撃 激

桁 欠 穴 血

決 結 傑 潔

月	月	月
犬	犬	犬
件	件	件
見	見	見
券	券	券
肩	肩	肩
建	建	建
研	研	研

県	県	県
倹	倹	倹
兼	兼	兼
剣	剣	剣
拳	拳	拳
軒	軒	軒
健	健	健
険	険	険

ゲツ ▼ ケン

月犬件見
券肩建研
県倹兼剣
拳軒健険

圏	圏	圏
堅	堅	堅
検	検	検
嫌	嫌	嫌
献	献	献
絹	絹	絹
遣	遣	遣
権	権	権

憲	憲	憲
賢	賢	賢
謙	謙	謙
鍵	鍵	鍵
繭	繭	繭
顕	顕	顕
験	験	験
懸	懸	懸

ケン

ケン

圏 堅 検 嫌

献 絹 遣 権

憲 賢 謙 鍵

繭 顕 験 懸

ゲン → コ

元幻玄言
弦限原現
舷減源厳
己戸古呼

固	固	固
股	股	股
虎	虎	虎
孤	孤	孤
弧	弧	弧
故	故	故
枯	枯	枯
個	個	個

庫	庫	庫
湖	湖	湖
雇	雇	雇
誇	誇	誇
鼓	鼓	鼓
錮	錮	錮
顧	顧	顧
五	五	五

コ
ゴ

固股虎孤
弧故枯個
庫湖雇誇
鼓錮顧五

誤	誤	誤	互	互	互
護	護	護	午	午	午
口	口	口	呉	呉	呉
工	工	工	後	後	後
公	公	公	娯	娯	娯
勾	勾	勾	悟	悟	悟
孔	孔	孔	碁	碁	碁
功	功	功	語	語	語

ゴ

コウ

互午呉後

娯悟碁語

誤護口工

公勾孔功

コウ

コウ

巧広甲交

光向后好

江考行坑

孝抗攻更

効	効	効
幸	幸	幸
拘	拘	拘
肯	肯	肯
侯	侯	侯
厚	厚	厚
恒	恒	恒
洪	洪	洪

皇	皇	皇
紅	紅	紅
荒	荒	荒
郊	郊	郊
香	香	香
候	候	候
校	校	校
耕	耕	耕

コウ

コウ

効 幸 拘 肯
侯 厚 恒 洪
皇 紅 荒 郊
香 候 校 耕

コウ

コウ

航 貢 降 高
康 控 梗 黄
喉 慌 港 硬
絞 項 溝 鉱

構	構	構
綱	綱	綱
酵	酵	酵
稿	稿	稿
興	興	興
衡	衡	衡
鋼	鋼	鋼
講	講	講

購	購	購
乞	乞	乞
号	号	号
合	合	合
拷	拷	拷
剛	剛	剛
傲	傲	傲
豪	豪	豪

コウ
ゴウ

構綱酵稿
興衡鋼講
購乞号合
拷剛傲豪

コク
コン

克告谷刻
国黒穀酷
獄骨駒込
頃今困昆

恨	恨	恨
根	根	根
婚	婚	婚
混	混	混
痕	痕	痕
紺	紺	紺
魂	魂	魂
墾	墾	墾

懇	懇	懇
左	左	左
佐	佐	佐
沙	沙	沙
査	査	査
砂	砂	砂
唆	唆	唆
差	差	差

コン → サン

恨根婚混
痕紺魂墾
懇左佐沙
査砂唆差

詐	詐	詐
鎖	鎖	鎖
座	座	座
挫	挫	挫
才	才	才
再	再	再
災	災	災
妻	妻	妻

采	采	采
砕	砕	砕
宰	宰	宰
栽	栽	栽
彩	彩	彩
採	採	採
済	済	済
祭	祭	祭

サ

サイ

詐 鎖 座 挫
才 再 災 妻
采 砕 宰 栽
彩 採 済 祭

斎	斎	斎
細	細	細
菜	菜	菜
最	最	最
裁	裁	裁
債	債	債
催	催	催
塞	塞	塞

歳	歳	歳
載	載	載
際	際	際
埼	埼	埼
在	在	在
材	材	材
剤	剤	剤
財	財	財

サイ
ザイ

斎細菜最
裁債催塞
歳載際埼
在材剤財

罪	罪	罪
崎	崎	崎
作	作	作
削	削	削
昨	昨	昨
柵	柵	柵
索	索	索
策	策	策

酢	酢	酢
搾	搾	搾
錯	錯	錯
咲	咲	咲
冊	冊	冊
札	札	札
刷	刷	刷
刹	刹	刹

ザイ
サツ

罪　崎　作　削
昨　柵　索　策
酢　搾　錯　咲
冊　札　刷　刹

サツ

サン

拶殺察撮
擦雑皿三
山参桟蚕
惨産傘散

算	算	算
酸	酸	酸
賛	賛	賛
残	残	残
斬	斬	斬
暫	暫	暫
士	士	士
子	子	子

支	支	支
止	止	止
氏	氏	氏
仕	仕	仕
史	史	史
司	司	司
四	四	四
市	市	市

サン → シ

算酸賛残
斬暫士子
支止氏仕
史司四市

矢	矢	矢
旨	旨	旨
死	死	死
糸	糸	糸
至	至	至
伺	伺	伺
志	志	志
私	私	私

使	使	使
刺	刺	刺
始	始	始
姉	姉	姉
枝	枝	枝
祉	祉	祉
肢	肢	肢
姿	姿	姿

シ

シ

矢旨死糸

至伺志私

使刺始姉

枝祉肢姿

思	思	思
指	指	指
施	施	施
師	師	師
恣	恣	恣
紙	紙	紙
脂	脂	脂
視	視	視

紫	紫	紫
詞	詞	詞
歯	歯	歯
嗣	嗣	嗣
試	試	試
詩	詩	詩
資	資	資
飼	飼	飼

シ

シ

思指施師
恣紙脂視
紫詞歯嗣
試詩資飼

次	次	次	誌	誌	誌
耳	耳	耳	雎	雎	雎
自	自	自	摯	摯	摯
似	似	似	賜	賜	賜
児	児	児	諮	諮	諮
事	事	事	示	示	示
侍	侍	侍	字	字	字
治	治	治	寺	寺	寺

シ → ジ

誌雎摯賜
諮示字寺
次耳自似
児事侍治

持	持	持
時	時	時
滋	滋	滋
慈	慈	慈
辞	辞	辞
磁	磁	磁
餌	餌	餌
璽	璽	璽

鹿	鹿	鹿
式	式	式
識	識	識
軸	軸	軸
七	七	七
叱	叱	叱
失	失	失
室	室	室

ジ
↓
シツ

持 時 滋 慈
辞 磁 餌 璽
鹿 式 識 軸
七 叱 失 室

写	写	写	疾	疾	疾
社	社	社	執	執	執
車	車	車	湿	湿	湿
舎	舎	舎	嫉	嫉	嫉
者	者	者	漆	漆	漆
射	射	射	質	質	質
捨	捨	捨	実	実	実
赦	赦	赦	芝	芝	芝

シツ

疾執湿嫉

漆質実芝

シャ

写社車舎

者射捨赦

酌	酌	酌	斜	斜	斜
釈	釈	釈	煮	煮	煮
爵	爵	爵	遮	遮	遮
若	若	若	謝	謝	謝
弱	弱	弱	邪	邪	邪
寂	寂	寂	蛇	蛇	蛇
手	手	手	尺	尺	尺
主	主	主	借	借	借

シャ → シュ

斜　煮　遮　謝
邪　蛇　尺　借
酌　釈　爵　若
弱　寂　手　主

守	守	守
朱	朱	朱
取	取	取
狩	狩	狩
首	首	首
殊	殊	殊
珠	珠	珠
酒	酒	酒

種	種	種
腫	腫	腫
趣	趣	趣
寿	寿	寿
受	受	受
呪	呪	呪
授	授	授
需	需	需

シュ → ジュ

守朱取狩
首殊珠酒
種腫趣寿
受呪授需

儒	儒	儒
樹	樹	樹
収	収	収
囚	囚	囚
州	州	州
舟	舟	舟
秀	秀	秀
周	周	周

宗	宗	宗
拾	拾	拾
秋	秋	秋
臭	臭	臭
修	修	修
袖	袖	袖
終	終	終
羞	羞	羞

ジュ

▼

シュウ

儒 樹 収 囚
州 舟 秀 周
宗 拾 秋 臭
修 袖 終 羞

シュウ → ジュウ

習週就衆
集愁酬醜
蹴襲十汁
充住柔重

従	従	従
渋	渋	渋
銃	銃	銃
獣	獣	獣
縦	縦	縦
叔	叔	叔
祝	祝	祝
宿	宿	宿

淑	淑	淑
粛	粛	粛
縮	縮	縮
塾	塾	塾
熟	熟	熟
出	出	出
述	述	述
術	術	術

ジュウ

↓ ジュツ

従 渋 銃 獣
縦 叔 祝 宿
淑 粛 縮 塾
熟 出 述 術

シュン→ショ

俊 春 瞬 旬
巡 盾 准 殉
純 循 順 準
潤 遵 処 初

ショ

ショウ

所書庶暑
署緒諸女
如助序叙
徐除小升

ショウ

ショウ

少召匠床
抄肖尚招
承昇松沼
昭宵将消

紹	紹	紹
訟	訟	訟
勝	勝	勝
掌	掌	掌
晶	晶	晶
焼	焼	焼
焦	焦	焦
硝	硝	硝

症	症	症
祥	祥	祥
称	称	称
笑	笑	笑
唱	唱	唱
商	商	商
渉	渉	渉
章	章	章

ショウ

ショウ

症祥称笑
唱商渉章
紹訟勝掌
晶焼焦硝

ショウ

ショウ

粧詔証象
傷奨照詳
彰障憧衝
賞償礁鐘

彰	彰	彰	粧	粧	粧
障	障	障	詔	詔	詔
憧	憧	憧	証	証	証
衝	衝	衝	象	象	象
賞	賞	賞	傷	傷	傷
償	償	償	奨	奨	奨
礁	礁	礁	照	照	照
鐘	鐘	鐘	詳	詳	詳

剰	剰	剰	上	上	上
常	常	常	丈	丈	丈
情	情	情	冗	冗	冗
場	場	場	条	条	条
畳	畳	畳	状	状	状
蒸	蒸	蒸	乗	乗	乗
縄	縄	縄	城	城	城
壌	壌	壌	浄	浄	浄

ジョウ

ジョウ

上丈冗条
状乗城浄
剰常情場
畳蒸縄壌

殖	殖	殖	嬢	嬢	嬢
飾	飾	飾	錠	錠	錠
触	触	触	譲	譲	譲
嘱	嘱	嘱	醸	醸	醸
織	織	織	色	色	色
職	職	職	拭	拭	拭
辱	辱	辱	食	食	食
尻	尻	尻	植	植	植

ジョウ ↓ シリ

嬢錠譲醸
色拭食植
殖飾触嘱
織職辱尻

シン

シン

心申伸臣
芯身辛侵
信津神唇
娠振浸真

シン
↓
ジン

針 深 紳 進
森 診 寝 慎
新 審 震 薪
親 人 刃 仁

ジン
スイ

尽迅甚陣
尋腎須図
水吹垂炊
帥粋衰推

酔	酔	酔
遂	遂	遂
睡	睡	睡
穂	穂	穂
随	随	随
髄	髄	髄
枢	枢	枢
崇	崇	崇

数	数	数
据	据	据
杉	杉	杉
裾	裾	裾
寸	寸	寸
瀬	瀬	瀬
是	是	是
井	井	井

スイ→セイ

酔遂睡穂
随髄枢崇
数据杉裾
寸瀬是井

セイ

セイ

世正生成
西声制姓
征性青斉
政星牲省

凄	凄	凄
逝	逝	逝
清	清	清
盛	盛	盛
婿	婿	婿
晴	晴	晴
勢	勢	勢
聖	聖	聖

誠	誠	誠
精	精	精
製	製	製
誓	誓	誓
静	静	静
請	請	請
整	整	整
醒	醒	醒

セイ → セイ

凄逝清盛
婿晴勢聖
誠精製誓
静請整醒

ゼイ
→セキ

税夕斥石
赤昔析席
脊隻惜戚
責跡積績

攝	摂	摂	籍	籍	籍
節	節	節	切	切	切
説	説	説	折	折	折
舌	舌	舌	拙	拙	拙
絶	絶	絶	窃	窃	窃
千	千	千	接	接	接
川	川	川	設	設	設
仙	仙	仙	雪	雪	雪

セキ → セン

籍切折拙
窃接設雪
摂節説舌
絶千川仙

占	占	占
先	先	先
宣	宣	宣
専	専	専
泉	泉	泉
浅	浅	浅
洗	洗	洗
染	染	染

扇	扇	扇
栓	栓	栓
旋	旋	旋
船	船	船
戦	戦	戦
煎	煎	煎
羨	羨	羨
腺	腺	腺

セン

センン

占先宣専
泉浅洗染
扇栓旋船
戦煎羨腺

詮	詮	詮
践	践	践
箋	箋	箋
銭	銭	銭
潜	潜	潜
線	線	線
遷	遷	遷
選	選	選

薦	薦	薦
繊	繊	繊
鮮	鮮	鮮
全	全	全
前	前	前
善	善	善
然	然	然
禅	禅	禅

セン→ゼン

詮践箋銭
潜線遷選
薦繊鮮全
前善然禅

— 愛読者カード —

●書名

●本書に関するご感想をお寄せください。

●お寄せいただきましたご感想を弊社のウェブサイトなどで、
一部掲載させていただいてよろしいでしょうか。

（ 可　　匿名で可　　不可 ）

●本書をお求めになったきっかけを教えてください。

☐店頭で見て　☐書評・紹介記事をみて　☐ウェブサイトを見て
☐知人の紹介　☐その他（　　　　　　　　　　）

ありがとうございました。今後の活動に役立たせていただきます。
今後ともペンコムの刊行物をよろしくお願いします。

株式会社ペンコム　http://pencom.co.jp/

郵便はがき

料金受取人払郵便

明石局
承認

4115

差出有効期間
2024年6月
1日まで
（切手不要）

673-8790

兵庫県明石市
人丸町2—20

㈱ペンコム
お客様サービス係

ご購読ありがとうございました。ぜひ、ご感想をお寄せください。このカードは小社の今後の出版活動に役立たせていただきます。お寄せいただきました情報は個人情報保護法に則り、責任をもって管理致します。

ご住所	郵便番号
お名前	年齢
ご職業	ご購入書店名
ご購入の動機	

漸	漸	漸
膳	膳	膳
繕	繕	繕
狙	狙	狙
阻	阻	阻
祖	祖	祖
租	租	租
素	素	素

措	措	措
粗	粗	粗
組	組	組
疎	疎	疎
訴	訴	訴
塑	塑	塑
遡	遡	遡
礎	礎	礎

ゼン

ソ

漸 膳 繕 狙
阻 祖 租 素
措 粗 組 疎
訴 塑 遡 礎

ソウ

ソウ

双壮早争
走奏相荘
草送倉捜
挿桑巣掃

草	草	草	双	双	双
送	送	送	壮	壮	壮
倉	倉	倉	早	早	早
捜	捜	捜	争	争	争
挿	挿	挿	走	走	走
桑	桑	桑	奏	奏	奏
巣	巣	巣	相	相	相
掃	掃	掃	荘	荘	荘

ソウ

ソウ

曹曽爽窓

創喪痩葬

装僧想層

総遭槽踪

ソウ → ソク

操燥霜騒
藻造像増
憎蔵贈臓
即束足促

ソク

則 息 捉 速
側 測 俗 族
属 賊 続 卒
率 存 村 孫

ソン

ソン→タイ

尊損遜他
多汰打妥
唾堕惰駄
太対体耐

逮	逮	逮	待	待	待
替	替	替	怠	怠	怠
貸	貸	貸	胎	胎	胎
隊	隊	隊	退	退	退
滞	滞	滞	帯	帯	帯
態	態	態	泰	泰	泰
戴	戴	戴	堆	堆	堆
大	大	大	袋	袋	袋

タイ

ダイ

待怠胎退
帯泰堆袋
逮替貸隊
滞態戴大

代台第題滝宅択沢
代台第題滝宅択沢
代台第題滝宅択沢

卓拓託濯諾濁但達
卓拓託濯諾濁但達
卓拓託濯諾濁但達

ダイ → タツ

代台第題
滝宅択沢
卓拓託濯
諾濁但達

炭	炭	炭	脱	脱	脱
胆	胆	胆	奪	奪	奪
探	探	探	棚	棚	棚
淡	淡	淡	誰	誰	誰
短	短	短	丹	丹	丹
嘆	嘆	嘆	旦	旦	旦
端	端	端	担	担	担
綻	綻	綻	単	単	単

ダツ
タン

脱奪棚誰
丹旦担単
炭胆探淡
短嘆端綻

誕鍛団男段断弾暖
誕鍛団男段断弾暖
誕鍛団男段断弾暖
談壇地池知値恥致
談壇地池知値恥致
談壇地池知値恥致

タン→チ

誕鍛団男
段断弾暖
談壇地池
知値恥致

遅	遅	遅
痴	痴	痴
稚	稚	稚
置	置	置
緻	緻	緻
竹	竹	竹
畜	畜	畜
逐	逐	逐

蓄	蓄	蓄
築	築	築
秩	秩	秩
窒	窒	窒
茶	茶	茶
着	着	着
嫡	嫡	嫡
中	中	中

チ
チュウ

遅 痴 稚 置
緻 竹 畜 逐
蓄 築 秩 窒
茶 着 嫡 中

仲	仲	仲
虫	虫	虫
沖	沖	沖
宙	宙	宙
忠	忠	忠
抽	抽	抽
注	注	注
昼	昼	昼

柱	柱	柱
衷	衷	衷
酎	酎	酎
鋳	鋳	鋳
駐	駐	駐
著	著	著
貯	貯	貯
丁	丁	丁

チュウ ▼ チョウ

仲虫沖宙
忠抽注昼
柱衷酎鋳
駐著貯丁

チョウ《チョウ》

弔　庁　兆　町
長　挑　帳　張
彫　眺　釣　頂
鳥　朝　貼　超

懲	懲	懲	腸	腸	腸
直	直	直	跳	跳	跳
勅	勅	勅	徴	徴	徴
捗	捗	捗	嘲	嘲	嘲
沈	沈	沈	潮	潮	潮
珍	珍	珍	澄	澄	澄
朕	朕	朕	調	調	調
陳	陳	陳	聴	聴	聴

チョウ → チン

腸跳徴嘲
潮澄調聴
懲直勅捗
沈珍朕陳

チン → テイ

賃 鎮 追 椎
墜 通 痛 塚
漬 坪 爪 鶴
低 呈 廷 弟

定	定	定
底	底	底
抵	抵	抵
邸	邸	邸
亭	亭	亭
貞	貞	貞
帝	帝	帝
訂	訂	訂

庭	庭	庭
逓	逓	逓
停	停	停
偵	偵	偵
堤	堤	堤
提	提	提
程	程	程
艇	艇	艇

テイ
↓
テイ

定 底 抵 邸
亭 貞 帝 訂
庭 逓 停 偵
堤 提 程 艇

締	締	締
諦	諦	諦
泥	泥	泥
的	的	的
笛	笛	笛
摘	摘	摘
滴	滴	滴
適	適	適

敵	敵	敵
溺	溺	溺
迭	迭	迭
哲	哲	哲
鉄	鉄	鉄
徹	徹	徹
撤	撤	撤
天	天	天

テイ
テン

締 諦 泥 的
笛 摘 滴 適
敵 溺 迭 哲
鉄 徹 撤 天

伝	伝	伝	典	典	典
殿	殿	殿	店	店	店
電	電	電	点	点	点
斗	斗	斗	展	展	展
吐	吐	吐	添	添	添
妬	妬	妬	転	転	転
徒	徒	徒	填	填	填
途	途	途	田	田	田

テン ▼ ト

典 店 点 展
添 転 填 田
伝 殿 電 斗
吐 妬 徒 途

ト→トウ

都渡塗賭
土奴努度
怒刀冬灯
当投豆東

透	透	透	到	到	到
党	党	党	逃	逃	逃
悼	悼	悼	倒	倒	倒
盗	盗	盗	凍	凍	凍
陶	陶	陶	唐	唐	唐
塔	塔	塔	島	島	島
搭	搭	搭	桃	桃	桃
棟	棟	棟	討	討	討

トウ

▼トウ

到逃倒凍
唐島桃討
透党悼盗
陶塔搭棟

トウ ドウ

湯 痘 登 答
等 筒 統 稲
踏 糖 頭 謄
藤 闘 騰 同

導	導	導	洞	洞	洞
瞳	瞳	瞳	胴	胴	胴
峠	峠	峠	動	動	動
匿	匿	匿	堂	堂	堂
特	特	特	童	童	童
得	得	得	道	道	道
督	督	督	働	働	働
徳	徳	徳	銅	銅	銅

ドウ

トク

洞胴動堂

童道働銅

導瞳峠匿

特得督徳

トク → ナ

篤毒独読

栃凸突届

屯豚頓貪

鈍曇丼那

奈内梨謎鍋南軟難

奈内梨謎鍋南軟難

奈内梨謎鍋南軟難

二尼弐匂肉虹日入

二尼弐匂肉虹日入

二尼弐匂肉虹日入

ナ → ニュウ

奈内梨謎

鍋南軟難

二尼弐匂

肉虹日入

ニュウ ノウ

乳尿任妊
忍認寧熱
年念捻粘
燃悩納能

脳	脳	脳
農	農	農
濃	濃	濃
把	把	把
波	波	波
派	派	派
破	破	破
覇	覇	覇

馬	馬	馬
婆	婆	婆
罵	罵	罵
拝	拝	拝
杯	杯	杯
背	背	背
肺	肺	肺
俳	俳	俳

ノウ

ハイ

脳 農 濃 把
波 派 破 覇
馬 婆 罵 拝
杯 背 肺 俳

配	配	配
排	排	排
敗	敗	敗
廃	廃	廃
輩	輩	輩
売	売	売
倍	倍	倍
梅	梅	梅

培	培	培
陪	陪	陪
媒	媒	媒
買	買	買
賠	賠	賠
白	白	白
伯	伯	伯
拍	拍	拍

ハイ
ハク

配 排 敗 廃
輩 売 倍 梅
培 陪 媒 買
賠 白 伯 拍

泊	泊	泊
迫	迫	迫
剝	剝	剝
船	船	船
博	博	博
薄	薄	薄
麦	麦	麦
漠	漠	漠

縛	縛	縛
爆	爆	爆
箱	箱	箱
箸	箸	箸
畑	畑	畑
肌	肌	肌
八	八	八
鉢	鉢	鉢

ハク
ハチ

泊　迫　剝　船
博　薄　麦　漠
縛　爆　箱　箸
畑　肌　八　鉢

ハッ
ハン

発髪伐抜
罰閥反半
氾犯帆汎
伴判坂阪

搬	搬	搬	板	板	板
煩	煩	煩	版	版	版
頒	頒	頒	班	班	班
範	範	範	畔	畔	畔
繁	繁	繁	般	般	般
藩	藩	藩	販	販	販
晩	晩	晩	斑	斑	斑
番	番	番	飯	飯	飯

ハン バン

板版班畔
般販斑飯
搬煩頒範
繁藩晩番

バン ▼ ヒン

蛮 盤 比 皮
妃 否 批 彼
披 肥 非 卑
飛 疲 秘 被

ヒ

ヒッ

悲扉費碑
罷避尾眉
美備微鼻
膝肘匹必

ヒツ
▼
ビョウ

泌筆姫百
氷表俵票
評漂標苗
秒病描猫

品	品	品
浜	浜	浜
貧	貧	貧
賓	賓	賓
頻	頻	頻
敏	敏	敏
瓶	瓶	瓶
不	不	不

夫	夫	夫
父	父	父
付	付	付
布	布	布
扶	扶	扶
府	府	府
怖	怖	怖
阜	阜	阜

ヒン→フ

品浜貧賓
頻敏瓶不
夫父付布
扶府怖阜

フ
ブ

附 訃 負 赴
浮 婦 符 富
普 腐 敷 膚
賦 譜 侮 武

復	復	復	部	部	部
福	福	福	舞	舞	舞
腹	腹	腹	封	封	封
複	複	複	風	風	風
覆	覆	覆	伏	伏	伏
拂	払	払	服	服	服
沸	沸	沸	副	副	副
佛	仏	仏	幅	幅	幅

ブ
ブツ

部舞封風
伏服副幅
復福腹複
覆払沸仏

物	物	物
粉	粉	粉
紛	紛	紛
雰	雰	雰
噴	噴	噴
墳	墳	墳
憤	憤	憤
奮	奮	奮

分	分	分
文	文	文
聞	聞	聞
丙	丙	丙
平	平	平
兵	兵	兵
併	併	併
並	並	並

ブツ

ヘイ

物粉紛雰
噴墳憤奮
分文聞丙
平兵併並

柄	柄	柄
陛	陛	陛
閉	閉	閉
塀	塀	塀
幣	幣	幣
弊	弊	弊
蔽	蔽	蔽
餅	餅	餅

米	米	米
壁	壁	壁
璧	璧	璧
癖	癖	癖
別	別	別
蔑	蔑	蔑
片	片	片
辺	辺	辺

ヘイ → ヘン

柄 陛 閉 塀
幣 弊 蔽 餅
米 壁 璧 癖
別 蔑 片 辺

歩	歩	歩	返	返	返
保	保	保	変	変	変
哺	哺	哺	偏	偏	偏
捕	捕	捕	遍	遍	遍
補	補	補	編	編	編
舗	舗	舗	弁	弁	弁
母	母	母	便	便	便
募	募	募	勉	勉	勉

ヘン

ボ

返変偏遍
編弁便勉
歩保哺捕
補舗母募

墓慕暮簿方包芳邦
墓慕暮簿方包芳邦
墓慕暮簿方包芳邦
奉宝抱放法泡胞俸
奉宝抱放法泡胞俸
奉宝抱放法泡胞俸

ボ → ホウ

墓 慕 暮 簿
方 包 芳 邦
奉 宝 抱 放
法 泡 胞 俸

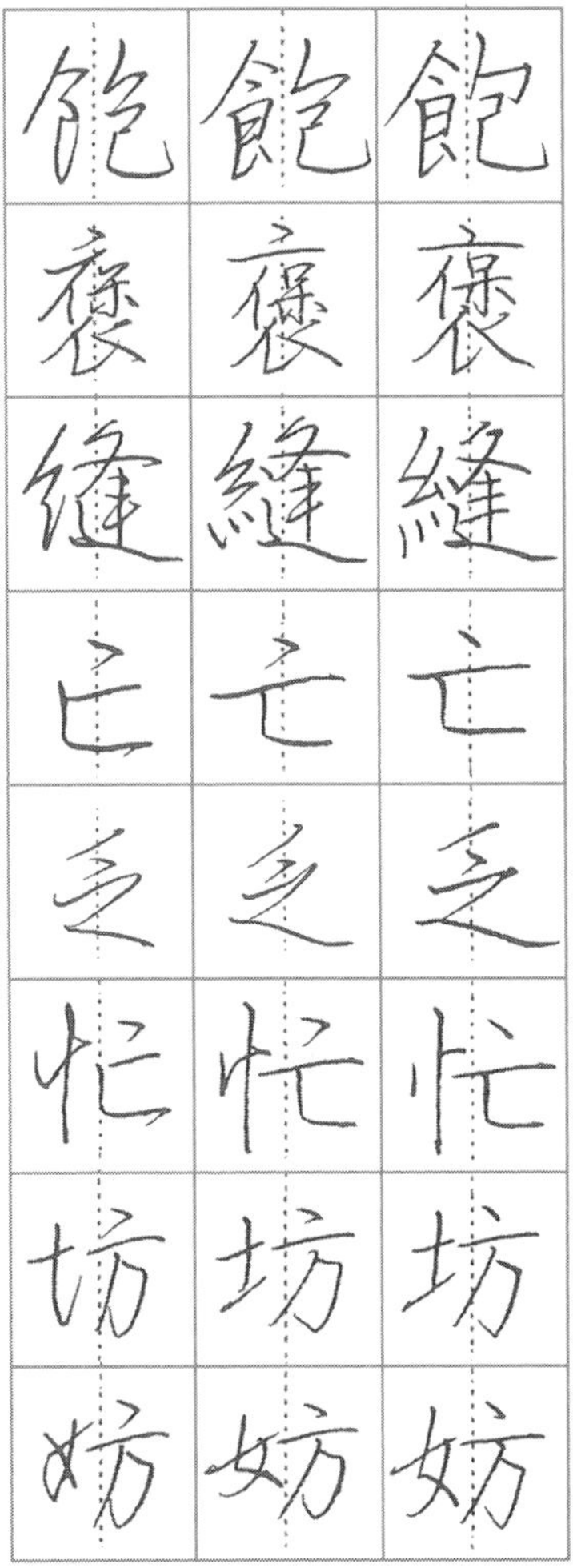

ホウ
▼ボウ

倣 峰 砲 崩
訪 報 蜂 豊
飽 褒 縫 亡
乏 忙 坊 妨

忘	忘	忘	望	望	望
防	防	防	傍	傍	傍
房	房	房	帽	帽	帽
肪	肪	肪	棒	棒	棒
某	某	某	貿	貿	貿
冒	冒	冒	貌	貌	貌
剖	剖	剖	暴	暴	暴
紡	紡	紡	膨	膨	膨

ボウ

ボウ

忘　防　房　肪

某　冒　剖　紡

望　傍　帽　棒

貿　貌　暴　膨

ボウ ▼ ホン

謀頬北木
朴牧睦僕
墨撲没勃
堀本奔翻

枚	枚	枚	凡	凡	凡
昧	昧	昧	盆	盆	盆
埋	埋	埋	麻	麻	麻
幕	幕	幕	摩	摩	摩
膜	膜	膜	磨	磨	磨
枕	枕	枕	魔	魔	魔
又	又	又	毎	毎	毎
末	末	末	妹	妹	妹

ボン
マッ

凡盆麻摩
磨魔毎妹
枚昧埋幕
膜枕又末

岬	岬	岬	抹	抹	抹
密	密	密	万	万	万
蜜	蜜	蜜	満	満	満
脈	脈	脈	慢	慢	慢
妙	妙	妙	漫	漫	漫
民	民	民	未	未	未
眠	眠	眠	味	味	味
矛	矛	矛	魅	魅	魅

マ↓ム

抹 万 満 慢
漫 未 味 魅
岬 密 蜜 脈
妙 民 眠 矛

ム→メン

務無夢霧
娘名命明
迷冥盟銘
鳴滅免面

メン

ヤ

綿 麺 茂 模
毛 妄 盲 耗
猛 網 目 黙
門 紋 問 治

夜	夜	夜
野	野	野
弥	弥	弥
厄	厄	厄
役	役	役
約	約	約
訳	訳	訳
薬	薬	薬

躍	躍	躍
闇	闇	闇
由	由	由
油	油	油
喩	喩	喩
愉	愉	愉
諭	諭	諭
輸	輸	輸

ヤ

ユ

夜野弥厄
役約訳薬
躍闇由油
喩愉諭輸

ユイ

ユウ

癒唯友有

勇幽悠郵

湧猶裕遊

雄誘憂融

ユウ → ヨウ

優与予余
誉預幼用
羊妖洋要
容庸揚揺

羊	羊	羊	優	優	優
妖	妖	妖	与	与	与
洋	洋	洋	予	予	予
要	要	要	余	余	余
容	容	容	誉	誉	誉
庸	庸	庸	預	預	預
揚	揚	揚	幼	幼	幼
揺	揺	揺	用	用	用

ヨウ

葉 陽 溶 腰

様 瘍 踊 窯

養 擁 謡 曜

ヨク

抑 沃 浴 欲

翌	翌	翌
翼	翼	翼
拉	拉	拉
裸	裸	裸
羅	羅	羅
来	来	来
雷	雷	雷
頼	頼	頼

絡	絡	絡
落	落	落
酪	酪	酪
辣	辣	辣
乱	乱	乱
卵	卵	卵
覧	覧	覧
濫	濫	濫

ヨク→ラン

翌　翼　拉　裸
羅　来　雷　頼
絡　落　酪　辣
乱　卵　覧　濫

藍	藍	藍
欄	欄	欄
吏	吏	吏
利	利	利
里	里	里
理	理	理
痢	痢	痢
裏	裏	裏

履	履	履
璃	璃	璃
離	離	離
陸	陸	陸
立	立	立
律	律	律
慄	慄	慄
略	略	略

ラン ▼ リャク

藍欄吏利
里理痢裏
履璃離陸
立律慄略

柳流留竜粒隆硫侶
柳流留竜粒隆硫侶
柳流留竜粒隆硫侶
旅虜慮了両良料涼
旅虜慮了両良料涼
旅虜慮了両良料涼

リュウ ▼リョウ

柳流留竜
粒隆硫侶
旅虜慮了
両良料涼

リョウ

▼リン

猟　陵　量　僚

領　寮　瞭　療

糧　力　緑　林

厘　倫　輪　隣

臨瑠涙累塁類令礼
臨瑠涙累塁類令礼
臨瑠涙累塁類令礼

冷励戻例鈴零霊隷
冷励戻例鈴零霊隷
冷励戻例鈴零霊隷

リン→レイ

臨瑠涙累
塁類令礼
冷励戻例
鈴零霊隷

レイ
ロ

齢麗暦歴
列劣烈裂
恋連廉練
錬呂炉賂

路	路	路
露	露	露
老	老	老
弄	弄	弄
労	労	労
郎	郎	郎
朗	朗	朗
浪	浪	浪

廊	廊	廊
楼	楼	楼
漏	漏	漏
籠	籠	籠
六	六	六
録	録	録
麓	麓	麓
論	論	論

ロ

ロン

路露老弄
労郎朗浪
廊楼漏籠
六録麓論

和	和	和
話	話	話
脇	脇	脇
賄	賄	賄
惑	惑	惑
枠	枠	枠
湾	湾	湾
腕	腕	腕

和 話 脇 賄

惑 枠 湾 腕

ワ

ワン

作品

太郎を眠らせ、太郎の屋根に
雪降り積む。次郎を眠らせ次
郎の屋根に雪降り積む。

『雪』三好達治

やさしく白き手をのべて林檎を
我にあたへしは薄紅の秋の実に
人こひ初めしはじめなり

『初恋』 島崎藤村

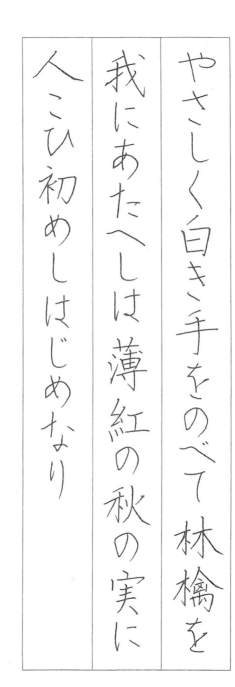

園の小百合撫子垣根の千草
今日は汝を眺むる最終の日
なり思えば涙膝をひたす

『故郷を離るる歌』吉丸一昌

蛍のひかり

ほたるの光まどの雪
書読む月日重ねつつ
いつしか年もすぎの戸を
あけてぞ今朝は別れゆく

『蛍の光』文部省唱歌

なつかしき
故郷にかへる思ひあり
久し振りにて汽車に乗りしに

新しき明日の来るを信ずといふ
自分の言葉に
嘘はなけれど――

『悲しき玩具』石川啄木

語れ愛でし真心久しき昔の
歌へ床し調べを過ぎし昔の
汝かへりぬあゝうれし
永き別れあゝ夢か
愛ずる思いかわらず
久しき今も

『久しき昔』近藤朔風

ふるさと

うさぎ追いしかの山
小ぶな釣りしかの川
夢は今もめぐりて
忘れがたきふるさと

いかにいます父母
つゝがなしや友がき
雨に風につけても
思い出ずるふるさと

『ふるさと』高野辰之

のし袋の書き方

（一例を紹介します。ペンで書くときの参考にしてください）

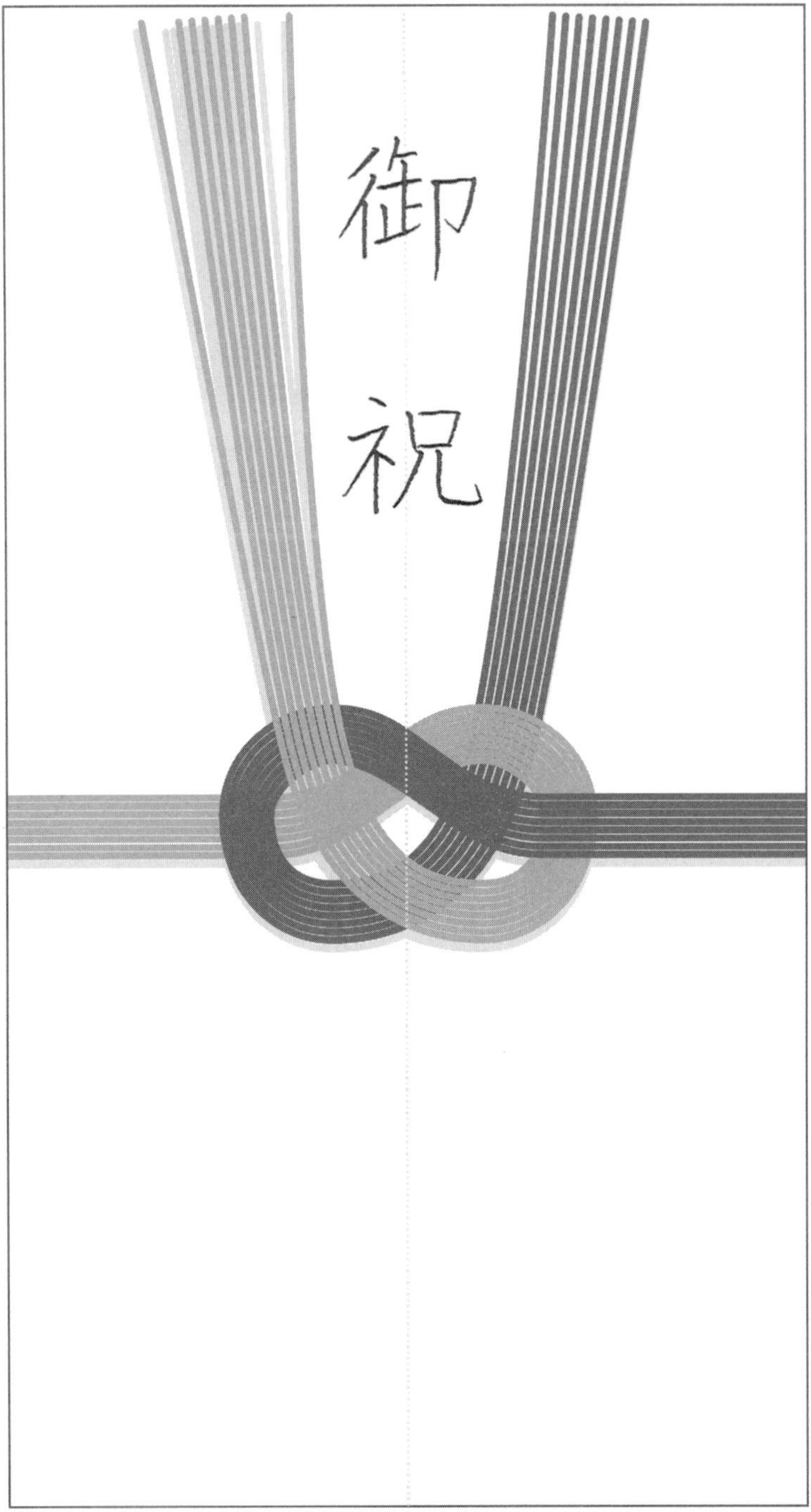

御祝

寿

御礼

御見舞

御祝

寿

御礼

御見舞

＊上は楷書、下は行書

お餞別

御中元

御歳暮

寸志

お餞別

御中元

御歳暮

寸志

御仏前

御霊前

御香典

御花料

御仏前

御霊前

御香典

御花料

はがきの書き方

（一例を紹介します）

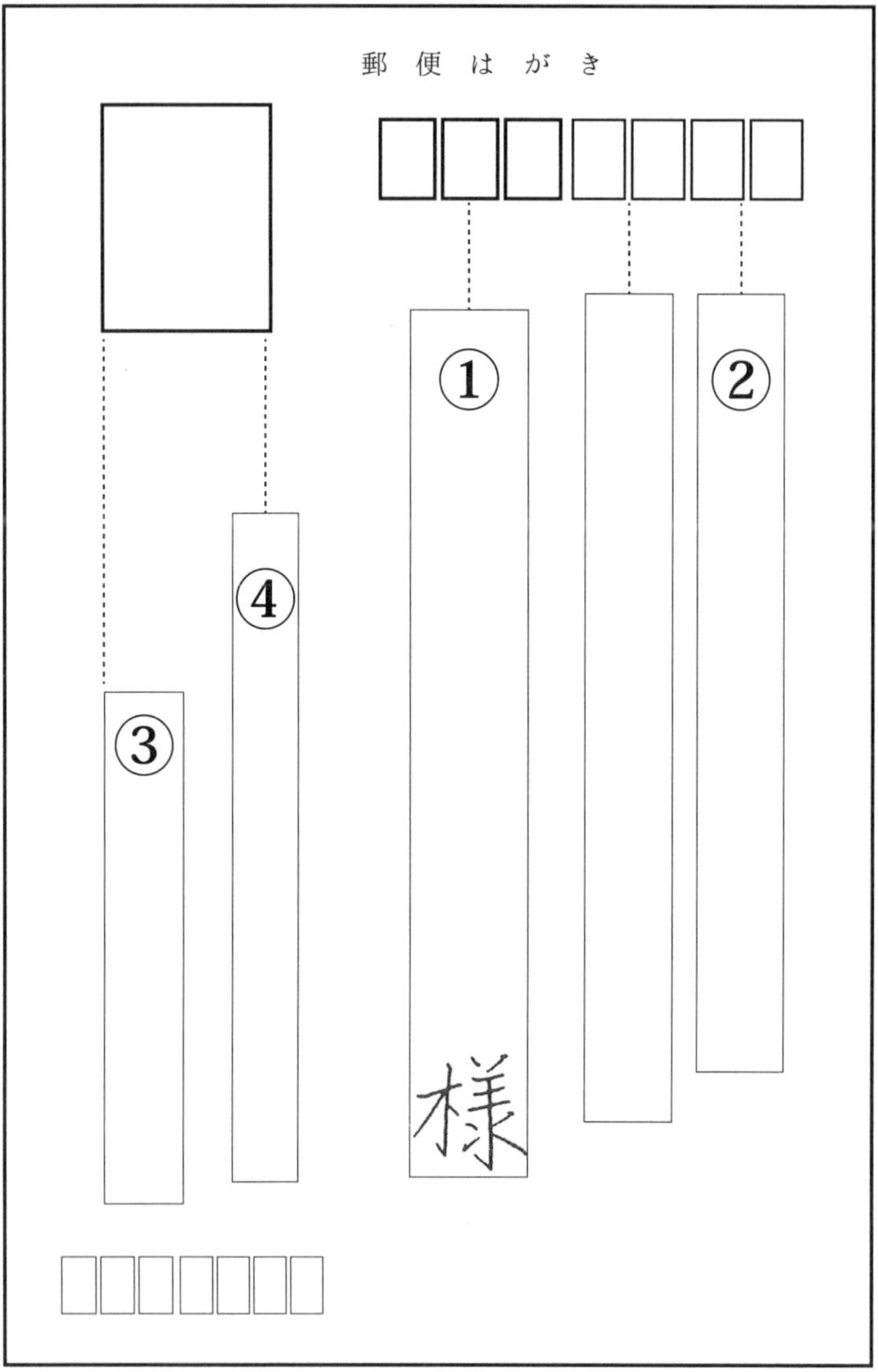

1. 文字は黒、または、濃い青色のインクなどで書きます。
2. 点線は、文字位置の目安です。
3. ①(宛名)は中央に大きく書きます。「様」の下は2センチくらいあけます。
4. ②(宛先住所)は、①(宛名)より小さめに。2行になるときは、1行目より少し小さく書き、①(宛名)の「様」より下がらないようにします。
5. ③(差出人氏名)は、②(宛先住所)より小さな文字で、切手下のスペースの中間から書きます。下の郵便番号枠との間は1センチ以内におさめます。
6. ④(差出人住所)は、1番小さく1行におさめます。2行になるときは上部をそろえて書きます。

＜郵便番号について＞

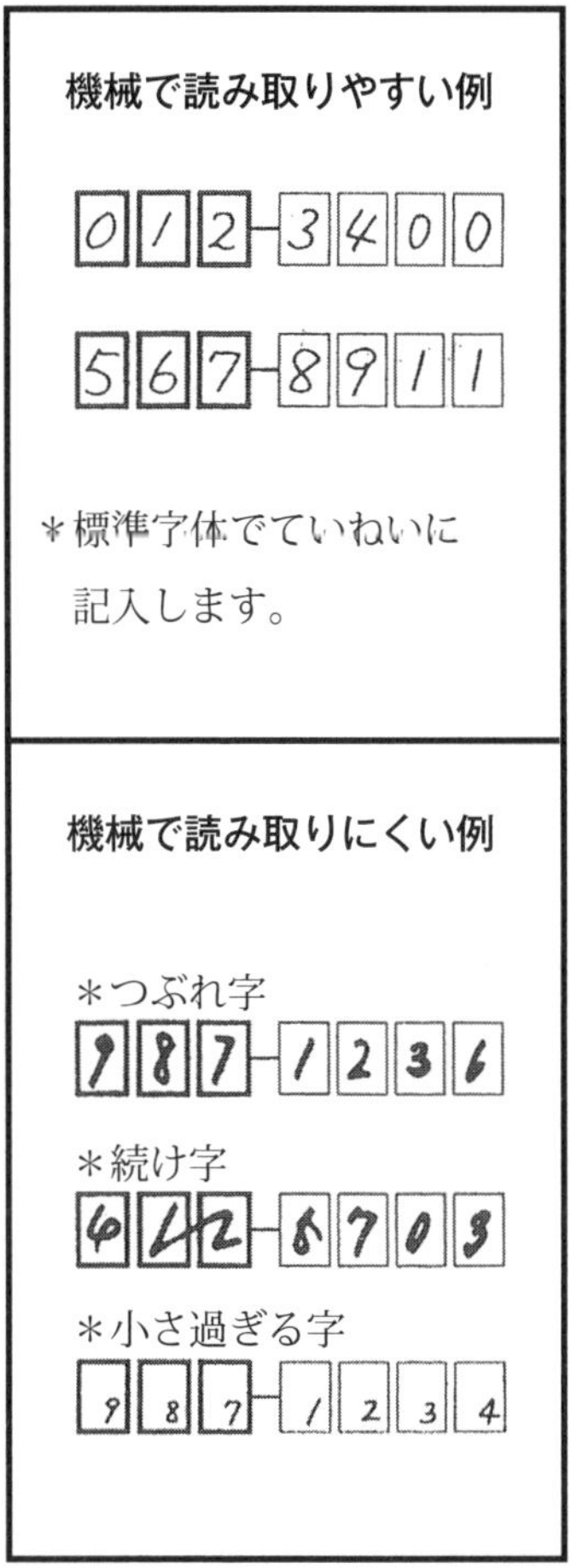
機械で読み取りやすい例
012-3400
567-8911
＊標準字体でていねいに記入します。
機械で読み取りにくい例
＊つぶれ字
987-1236
＊続け字
612-8703
＊小さ過ぎる字
987-1234

(「日本郵便」郵便番号マニュアルより)

常用漢字の楷書と行書索引

＊配列は『常用漢字表』（平成22年11月30日内閣告示第2号）に準じています。

藤川　孝志（ふじかわ　たかし）

約40年にわたりペン字教室を主宰。理想とする美しい文字を、「読みやすい」「奇抜でない」とする。日本書写技能検定協会１級、日本ペン習字研究会師範、明石ペン字教室主宰。兵庫県明石市在住。

保存版 ペン字の手本 常用漢字の楷書行書

2023年11月10日　第1刷発行

著　　者　藤川 孝志

本文デザイン　石野 はるみ（アディスト）
カバーデザイン　大竹 英子（SANKAKUSHA）

発 行 者　増田 幸美
発　　行　株式会社ペンコム
〒673-0877 兵庫県明石市人丸町 2-20　http://pencom.co.jp/
発　　売　株式会社インプレス
〒101-0051 東京都千代田区神田神保町一丁目 105 番地

■本の内容に関するお問い合わせ先
株式会社ペンコム　TEL : 078-914-0391　FAX : 078-959-8033

■乱丁本・落丁本などのお問い合せ先
FAX:03-6837-5023　service@impress.co.jp
●古書店で購入されたものについてはお取り替えできません。

印刷・製本　株式会社シナノパブリッシングプレス

ISBN: 978-4-295-40907-6　C2076